Etapas

Libro del alumno

Etapa 3
¿Tópicos?

Nivel
A2.1

1.ª edición: 2009   1.ª reimpresión: 2010   Reimpresiones: 2011, 2012, 2015, 2017

© Editorial Edinumen, 2009.
© Equipo Entinema: Sonia Eusebio Hermira, Anabel de Dios Martín, Beatriz Coca del Bosque, Elena Herrero Sanz, Macarena Sagredo Jerónimo.
  Coordinación: Sonia Eusebio Hermira.
© Autoras de este material: Anabel de Dios Martín y Sonia Eusebio Hermira.

Coordinación editorial:
Mar Menéndez

Diseño de cubierta:
Carlos Casado

Diseño y maquetación:
Carlos Casado, Josefa Fernández
y Juanjo López

Ilustraciones:
Olga Carmona y Carlos Casado

Fotografías:
Archivo Edinumen
Reina del Carnaval de Tenerife,
páginas 10 y 11, cedidas por la
Concejalía de Fiestas del Ayunta-
miento de Santa Cruz de Tenerife

Impresión:
Gráficas Glodami. Madrid

Editorial Edinumen
José Celestino Mutis, 4.
28028 Madrid
Teléfono: 91 308 51 42
Fax: 91 319 93 09
e-mail: edinumen@edinumen.es
www.edinumen.es

ISBN: 978-84-9848-182-2   Dep. Legal: M-23035-2015

Instituto Cervantes

Este método se adecua a los fines del *Plan Curricular* del Instituto Cervantes
La marca del Instituto Cervantes y su logotipo son propiedad exclusiva del Instituto Cervantes

Edi
numen

Introducción

Etapas es un curso de español cuya característica principal es su distribución **modular** y **flexible**. Basándose en un enfoque orientado a la acción, las unidades didácticas se organizan en torno a un objetivo o tema que dota de contexto a las tareas que en cada una de ellas se proponen.

Los contenidos de **Etapas** están organizados para implementarse en un curso de 20 a 40 horas lectivas según el número de actividades opcionales, actividades extras y material complementario que se desee utilizar en el aula.

Con **EXTENSIÓN DIGITAL**

Extensión digital de **Etapa 3**: consulta nuestra **ELEteca**, en la que puedes encontrar, con descarga gratuita, materiales que complementan este método.

ELEteca un espacio en constante actualización

La Extensión digital **para el alumno** contiene los siguientes materiales:

- Prácticas interactivas
- Claves y transcripciones del libro de ejercicios
- Resumen lingüístico-gramatical

La Extensión digital para el **profesor** contiene los siguientes materiales:

- Libro digital del profesor: introducción, guía del profesor, claves, fichas fotocopiables, transparencias...
- Fichas de cultura hispanoamericana
- Resumen lingüístico-gramatical

Recursos del alumno:

Código de acceso

98481822
www.edinumen.es/eleteca

Recursos del profesor:

Código de acceso

Localiza el código de acceso en el
Libro del profesor

Unidad 3   ¿Tópicos? ¡Qué bien se come en España!   22

Contenidos funcionales:
- Hablar de la comida.
- Preguntar por los ingredientes, la forma de cocinarse un plato y la especialidad de un restaurante.
- Pedir objetos.
- Desenvolverse en un restaurante.
- Expresar opinión y valorar.
- Describir la forma de cocinarse un plato.

Contenidos lingüísticos:
- Exponentes para preguntar por los ingredientes, la forma de cocinarse un plato y la especialidad de un restaurante.
- *¿Me puede traer/Me trae...?*
- *Mal/normal/salado...*
- Reglas fonéticas y ortográficas.
- Exponentes para desenvolverse en un restaurante.
- *Se* + tercera persona del presente de indicativo.

Contenidos léxicos:
- Comida y bebida: ingredientes, nombres de platos.
- Bares y restaurantes.

Contenidos culturales:
- Diferentes tipos de bares y restaurantes en España.
- Platos regionales.

Tareas:
- Participar en una discusión sobre la comida en España: los tipos de bares y restaurantes, las tapas, los platos regionales...
- Participar en un concurso para elegir el mejor restaurante.
- Ir a un restaurante español.

Unidad 4   ¿Tópicos? ¡Qué bonito es España!   31

Contenidos funcionales:
- Planificar y reservar un viaje.
- Ir a la agencia de viajes.
- Expresar acciones pasadas en un tiempo no terminado.

Contenidos lingüísticos:
- Morfología del pretérito perfecto y participios irregulares.
- Marcadores temporales: *hoy, esta semana, hace unos minutos...*

Contenidos léxicos:
- Alojamientos.
- Medios de transportes.
- Tipos de viajes.
- Folletos turísticos.

Contenidos culturales:
- Paradores Nacionales.
- La isla de La Toja.

Tareas:
- Explicar las características del turismo en nuestros países.
- Simular una conversación en una agencia de viajes.
- Completar un diario de viaje.

Unidad 5   ¿Tópicos? Típicos tópicos   40

Contenidos funcionales:
- Expresar acciones pasadas en un tiempo no terminado.
- Hablar de experiencias.

Contenidos lingüísticos:
- Morfología del pretérito perfecto y participios irregulares (repaso).
- Marcadores temporales para expresar experiencia: *nunca, ya, todavía no, alguna vez...*

Contenidos léxicos:
- Viajes.
- Comidas.
- Actividades de ocio y relacionadas con los intereses de cada uno.

Contenidos culturales:
- Lugares y actividades consideradas típicas para visitar y hacer en España.

Tareas:
- Participar en una discusión sobre diferentes tópicos relacionados con España.
- Conocer los viajes y experiencias de los compañeros de la clase.

Descripción de los iconos

 ➡ Actividad de **interacción oral**.

 ➡ Actividad de **reflexión lingüística**.

 ➡ Actividad de **producción escrita**.

 ➡ Comprensión **auditiva**. El número indica el número de pista.

 ➡ Comprensión **lectora**.

 ➡ Actividad **opcional**.

Unidad I

¿Tópicos? ¡Qué tiempo hace en España!

Tareas:
- Comparar intereses con los compañeros.
- Conocer el tiempo en algunos países.
- Informar de las fiestas populares de nuestros países.

Contenidos funcionales:
- Expresar intereses.
- Describir ciudades.
- Expresar el número de habitantes de un lugar.
- Describir el tiempo atmosférico.
- Advertir.

Contenidos lingüísticos:
- Morfología del verbo *interesar*.
- Adverbios *también* y *tampoco*.
- *¡Cuidado! ¡Ten cuidado!*

Contenidos léxicos:
- Números a partir de 1000.
- El tiempo atmosférico.
- Las estaciones del año.

Contenidos culturales:
- Conocer algunas fiestas populares de España.

I · Me interesa

1.1. Cuando viajas a un país diferente, ¿cuáles son tus intereses? Marca con una cruz las frases con las que te sientes identificado.

- [1] Me interesa la cultura.
- [2] Me interesan los museos.
- [3] Me interesa ir de compras.
- [4] Me interesa probar la comida típica.

1.1.1. Compara con un compañero las frases que habéis marcado.

 Para poder comparar vuestros intereses podéis utilizar:

😊	🙁
• *Me interesa la cultura, ¿y a ti?* • *A mí también.*	• *No me interesan los museos, ¿y a ti?* • *A mí tampoco.*
• *Me interesa ir de compras, ¿y a ti?* • *(Pues) a mí no.*	• *No me interesa probar la comida típica, ¿y a ti?* • *(Pues) a mí sí.*

1.1.2. Vamos a conocer algunos intereses más de tus compañeros. Lee las preguntas del siguiente test y escribe dos frases más. Cambia de pareja y haz las preguntas a tu nuevo compañero.

	Alumno A	Sí	No		**Alumno B**	Sí	No

Alumno A

Sí   No

- ¿Te interesa aprender la lengua del país? ☐ ☐
- ¿Te interesan las fiestas populares? ☐ ☐
- ¿..? ☐ ☐
- ¿..? ☐ ☐

Alumno B

Sí   No

- ¿Te interesa el arte de ese país? ☐ ☐
- ¿Te interesan las excursiones a la naturaleza? ☐ ☐
- ¿..? ☐ ☐
- ¿..? ☐ ☐

1.1.3. Cuenta a la clase lo que has averiguado de los intereses de tus compañeros.

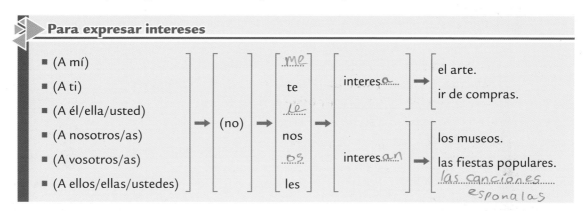

A Daniel le interesa el arte, pero a Linda le interesa más conocer la naturaleza.

1.2. **R** El verbo *interesar* tiene la misma estructura que el verbo *gustar*. Mira los ejemplos anteriores y completa con un compañero el esquema.

Para expresar intereses

- (A mí)
- (A ti)
- (A él/ella/usted)
- (A nosotros/as)
- (A vosotros/as)
- (A ellos/ellas/ustedes)

→ (no) →

me
te
le
nos
os
les

→ interesa → el arte. / ir de compras.

interesan → los museos. / las fiestas populares. / las canciones espanolas

2 Las ciudades y sus habitantes

2.1. ¿Sabes qué es un tópico? Lee la siguiente definición y con un compañero piensa en algún tópico sobre España.

Tópico. Idea generalizada sobre el comportamiento o características de un lugar que se dice o repite mucho. Normalmente tiene un origen real, pero se exagera.

2.2. Un tópico sobre algunas ciudades de América Latina es que están superpobladas, que tienen muchos habitantes. En parejas, completad la información sobre el número de habitantes de estas ciudades para responder a las preguntas.

a ¿Qué ciudad tiene más habitantes? _México_

b ¿Cuál tiene menos? _San José_

1 Buenos Aires es la capital de Argentina y tiene dos millones novecientos sesenta mil novecientos setenta y seis | 2 | 9 | 6 | 0 | 9 | 7 | 6 | habitantes.

2 Bogotá es la capital de Colombia y tiene siete millones ciento ochenta y seis mil ochocientos ochenta y nueve | 7 | 0 | 8 | 6 | 8 | 8 | 9 | habitantes.

3 La ciudad de México tiene diez millones ochenta y tres mil trescientos cincuenta y cinco | 1 | 0 | 0 | 8 | 3 | 3 | 5 | 5 | habitantes.

4 Quito es la capital de Ecuador y tiene tres millones ciento cuatro mil quinientos cuarenta y ocho | 3 | 1 | 0 | 4 | 5 | 4 | 8 | habitantes.

5 San José es la capital de Costa Rica y tiene novecientos treinta y seis mil doscientos treinta y siete | 9 | 3 | 6 | 2 | 3 | 7 | habitantes.

6 Santiago es la capital de Chile y tiene cinco millones ochocientos sesenta mil cuatrocientos ochenta y nueve | 5 | 8 | 6 | 4 | 4 | 8 | 9 | habitantes.

2.3. | **R** **Lee el siguiente cuadro y completa los espacios en blanco.**

Para hablar del número de habitantes

Usamos el verbo ..... _tener_ .....
- ¿Cuántos habitantes ..... _tiene_ ..... Barcelona?
- Barcelona ..... _tiene_ ..... un millón seiscientos quince mil habitantes.

Números a partir del 1000

1000 ⇨ **Mil**	**10 000** ⇨ **Diez mil**
1001 ⇨ Mil uno	15 941 ⇨ Quince mil novecientos cuarenta y uno
1109 ⇨ Mil ciento nueve	
1534 ⇨ Mil quinientos treinta y cuatro	**100 000** ⇨ **Cien mil**
2000 ⇨ **Dos mil**	163 579 ⇨ Ciento sesenta y tres mil quinientos setenta y nueve
3000 ⇨ **Tres mil**	
4000 ⇨ **Cuatro mil**	**1 000 000** ⇨ **Un millón**
5000 ⇨ **Cinco mil**	**2 000 000** ⇨ **Dos millones**
5025 ⇨ Cinco mil veinticinco	2 765 982 ⇨ Dos millones setecientos sesenta y cinco mil novecientos ochenta y dos
5766 ⇨ Cinco mil setecientos sesenta y seis	**10 000 000** ⇨ **Diez millones**

2.4. | Para practicar los números, vuestro profesor os va a proponer una competición.

2.4.l. | Escucha los números que habéis escrito en la pizarra y comprueba si están bien.

2.5. | En una página de Internet se propone un concurso para viajar a Uruguay y a Guatemala. Para ganar, hay que completar un cuestionario con información sobre esos países. Intenta hacerlo con un compañero.

Cuestionario

¿Quieres viajar a Uruguay y Guatemala?

Completa esta información:

[1] Uruguay está ....

[2] La capital de Uruguay es ....

[3] La capital de Uruguay tiene .... habitantes.

[4] Guatemala está ....

[5] La capital de Guatemala es ....

[6] Guatemala tiene .... habitantes.

2.5.1. Para preguntar por la información que no tienes o comprobar la que sabes, escribe las preguntas para cada espacio.

[1] ¿Dónde está Uruguay? ....

[2] ....

[3] ....

[4] ....

[5] ....

[6] ....

2.5.2. Tu profesor va a repartir entre todos vosotros las respuestas a las anteriores preguntas. Tenéis que levantaros y preguntaros para buscar la información que os falta.

---

3 | El tiempo atmosférico

3.1. *En España hace buen tiempo.* ¿Es verdad este tópico? La realidad es que el tiempo cambia según la época del año. ¿Sabes cómo se llama cada estación? Escríbelo en los espacios.

ESTACIONES DEL AÑO

La primavera	El verano	El otoño	El invierno

En España empieza el 21 de marzo y termina el 20 de junio.	En España empieza el 21 de junio y termina el 20 de septiembre.	En España empieza el 21 de septiembre y termina el 20 de diciembre.	En España empieza el 21 de diciembre y termina el 20 de marzo.

3.1.1. Comenta a la clase si en tu país las estaciones del año son iguales.

3.2. 🔊 **Vamos a hablar del tiempo en algunas ciudades españolas, pero antes escucha su descripción y escribe sus nombres en el mapa.**

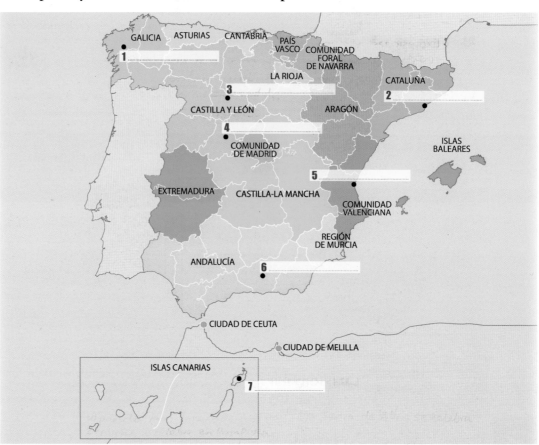

3.2.1. 📖 **Lee la información sobre el tiempo que hace en las ciudades anteriores e intenta relacionar el significado de las frases subrayadas con las imágenes.**

[**1**]

En Santiago de Compostela normalmente <u>llueve</u> todo el año. En verano también a veces <u>está nublado</u>.

[**2**]

En Barcelona en los meses de julio, agosto y septiembre <u>hace calor</u>, pero no mucho porque tiene mar. En invierno normalmente <u>hace frío</u>, pero casi nunca <u>nieva</u>.

[**3**]

En Ávila y en Valladolid en invierno <u>hace mucho frío</u> y <u>nieva</u> a menudo. También en Valladolid a menudo <u>hay niebla</u>. Normalmente en invierno <u>hace mal tiempo</u>.

[**4**]

En Valencia <u>hace sol</u> casi todo el año. Tiene playas con muchos turistas porque en primavera y verano <u>hace calor</u>. En verano a veces <u>hay tormenta</u>.

[**5**]

En verano en Granada <u>hace mucho calor</u>. Normalmente <u>hace sol</u> y es un buen lugar para esquiar porque en la montaña <u>nieva</u> en diciembre y enero.

[**6**]

Lanzarote es ideal para hacer *windsurf* porque siempre <u>hace viento</u>. <u>No hace mucho frío</u> en invierno ni <u>mucho calor</u> en verano, por eso <u>hace buen tiempo</u> todo el año.

3.2.2. 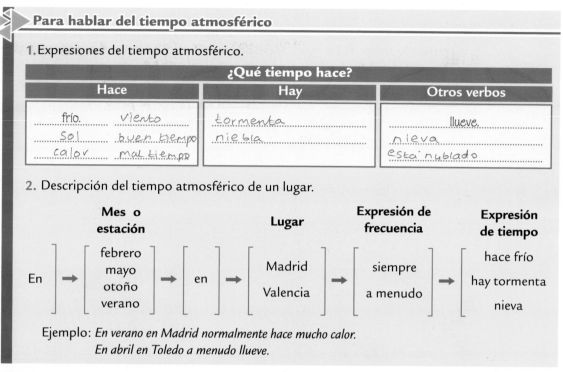 Mira los textos anteriores y completa el esquema con un compañero.

Para hablar del tiempo atmosférico

1. Expresiones del tiempo atmosférico.

¿Qué tiempo hace?		
Hace	**Hay**	**Otros verbos**
frío. viento	tormenta	llueve.
sol buen tiempo	niebla	nieva
calor mal tiempo		está nublado

2. Descripción del tiempo atmosférico de un lugar.

	Mes o estación		**Lugar**		**Expresión de frecuencia**		**Expresión de tiempo**
En →	febrero mayo otoño verano	→ en →	Madrid Valencia	→	siempre a menudo	→	hace frío hay tormenta nieva

Ejemplo: *En verano en Madrid normalmente hace mucho calor.*
En abril en Toledo a menudo llueve.

El orden de estas frases puede variar. Observa:

- *En Madrid normalmente en verano hace mucho calor.*
- *Normalmente en Madrid en verano hace mucho calor.*

3.3. Paul es un estudiante Erasmus que va a estar en Madrid un año. Sus compañeros de clase son de diferentes ciudades españolas: Segovia, Cádiz y Santander. Paul quiere saber qué tiempo hace en esas ciudades para visitarlas y comprobar si los tópicos sobre el clima son ciertos. Escribe el tiempo que hace en esas ciudades. Fíjate en las imágenes.

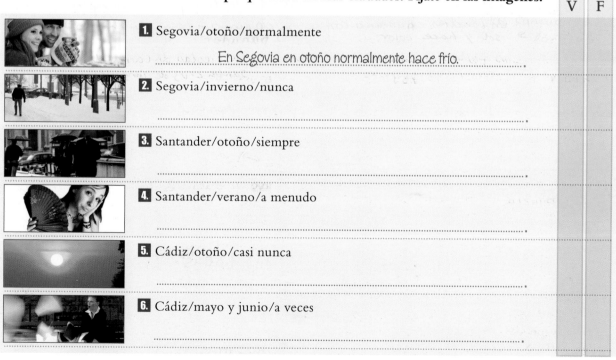

	V	F
1. Segovia/otoño/normalmente *En Segovia en otoño normalmente hace frío.*		
2. Segovia/invierno/nunca		
3. Santander/otoño/siempre		
4. Santander/verano/a menudo		
5. Cádiz/otoño/casi nunca		
6. Cádiz/mayo y junio/a veces		

3.3.1. [3] Escucha a Paul y a sus amigos y marca si las frases anteriores son verdaderas o falsas.

3.4. El profesor os va a dar unas tarjetas con símbolos sobre el tiempo, tenéis que situar-las sobre el mapa de España.

3.4.1. Agrupaos por nacionalidades y dibujad el mapa de vuestros países con algún símbolo sobre el tiempo. Después escribid un texto pensando en el clima según las estaciones o los lugares.

3.4.2. Explicad cómo es el tiempo en vuestros países al mismo tiempo que mostráis el mapa que habéis dibujado. ¿Qué país tiene el clima más parecido al tuyo?

4 Las fiestas en España

4.1. ¿Qué tienen en común todas estas fotos? ¿Conoces alguna de las fiestas que representan?

1. La fiesta española mas internacional es los Sanfermines, se celebra en Pamplona

2. La Feria de Abril se celebra en Sevilla

3. Las Fallas se celebra en Valencia

4. Las fiestas de Carnaval se celebra en Santa cruz de Tenerife

4.1.1. Lee las siguientes frases referidas a fiestas españolas y con un compañero marca en la columna "Antes de leer" si pensáis si son verdaderas o falsas.

Antes de leer				Después de leer	
V	F			V	F
		1.	Las Fallas es una fiesta con toros.		X
		2.	La noche del 19 de marzo se quema la falla ganadora.		X
		3.	En los Sanfermines la gente corre por las calles delante de los toros.	X	
		4.	La ropa típica de la fiesta de San Fermín es de color negro.		X
		5.	En la Feria de Abril todos los días hay corridas de toros por las mañanas.		X
		6.	En la Feria de Abril todo el mundo se viste con trajes típicos.	X	
		7.	El Carnaval de Tenerife es uno de los más importantes de España.	X	
		8.	En el Carnaval de Tenerife las mujeres se ponen vestidos de muchos kilos de peso.	X	

4.1.2. Aquí tienes cuatro textos con información de fiestas populares españolas. Lée-los y marca en la columna "Después de leer" de 4.1.1.

Las Fallas es una de las fiestas españolas más importantes de España. Se celebra en Valencia del 12 al 19 de marzo.

Las fallas son esculturas satíricas muy grandes de papel y cartón con muchos colores que representan a gente famosa. Se hacen durante todo el año y se ponen en las calles y plazas la noche del 15 de marzo. El día principal es el 19 y por la noche se queman todas, excepto una figura o *ninot* que se lleva a un museo con los *ninots* ganadores de otros años. Esta noche se llama en Valencia la *nit de foc* (noche de fuego). ¡Cuidado! Las calles están llenas de gente.

La fiesta española más internacional es los Sanfermines. Se celebran del 6 al 14 de julio en Pamplona (Navarra).

Todos los días a las ocho de la mañana se celebran encierros, momento en que la gente corre delante de los toros durante 3 km por una calle de Pamplona hasta llegar a la plaza de toros. Si vas, ten cuidado, puede ser peligroso. Por las tardes hay corridas.

La fiesta se vive en las calles, plazas y bares. Las personas se visten de blanco con un pañuelo rojo en el cuello.

Una de las fiestas de carnaval más importantes en España es el Carnaval de Tenerife que se celebra en febrero en Santa Cruz de Tenerife.

Es una fiesta muy alegre y el día más importante es el que se elige la reina del Carnaval. Las participantes llevan vestidos espectaculares que pesan muchos kilos. Mucha gente compara el Carnaval de Tenerife con el de Río de Janeiro en Brasil. Ten cuidado, las calles están llenas y puedes perderte.

La Feria de Abril se celebra en Sevilla, ciudad del sur de España. Las fechas cambian cada año: dependen de la Semana Santa.

En esta fiesta la gente va a unas casas provisionales instaladas en la calle que se llaman casetas. Allí se bebe un tipo de vino que se llama fino, se cantan y se bailan sevillanas (tipo de baile flamenco muy alegre). ¡Cuidado con el vino!, hace calor y sube rápidamente a la cabeza.

Todos los días por la tarde hay corridas en la plaza de toros de Sevilla: La Maestranza, una de las más importantes de toda España.

Durante toda la fiesta, los hombres y las mujeres llevan trajes flamencos.

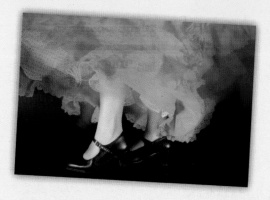

Piensa en una fiesta de tu país y completa este cuadro.

[1] Nombre de la fiesta *Notting Hill Carnaval - Carnaval de Notting Hill*

[2] ¿Cuándo se celebra? *Todos años, por dos dias en el agosto*

[3] ¿Dónde? *en Notting Hill Gate, al oeste de Londres*

[4] ¿Qué se hace? *La gente cantan, baila, comen y bebe* *disfraces*

[5] ¿Hay ropa típica? *Similar al carnaval de Tenerife pero las ropas no estan pesadas*

[6] Advertencia *Siempre hay muchas las gentes y muchas calles cerradas*

4.2.1. **Explica a tus compañeros la fiesta en tu país. ¿Conocen alguna celebración similar?**

Para advertir a alguien utilizamos:

- ¡*Cuidado!* *Hay muchas robas Protege tus cosas.*
- ¡*Ten cuidado!*

5 ¿Tópicos?

5.1. **Repasa todas las actividades de esta unidad para contestar a las siguientes preguntas.**

[1] En esta unidad he aprendido: *Diferentes fesivales españoles Números grandes*

[2] Frases o palabras de esta unidad que quiero recordar especialmente: *Estaciones del año y expresión de tiempo por ejemplo En Londres el verano comienza en junio y termina en agosto. Hace sol y hace calor.*

[3] Me gustaría repasar: *Números grandes*

[4] Escribe en tu cuaderno tus impresiones u opiniones sobre los siguientes temas: "En España hace buen tiempo" y "En España hay muchas fiestas".

Unidad I

Unidad 2

¿Tópicos? ¡Cómo visten los españoles!

Tareas:
- Participar en una discusión sobre la importancia de la imagen en España, la ropa y los diferentes estilos. *styles*
- Participar en una yincana.
- Comprar en una tienda de ropa.

Contenidos funcionales:
- Corregir información errónea.
- Comprar en una tienda de ropa.
- Hablar de la imagen y de las normas sociales en el vestir.
- Hacer comparaciones.

Contenidos lingüísticos:
- Es... *(y) no...*
- Exponentes para comprar en una tienda de ropa.
- *Quedar bien/mal/largo/ancho...* *long wide*
- Pronombres de complemento directo.
- Comparativo de igualdad, inferioridad y superioridad. Superlativo.

Contenidos léxicos:
- Ropa, colores, materiales, formas. *Shapes*

Contenidos culturales:
- La moda española.
- La imagen social.

I | Ropa y moda

1.1. **Vamos a empezar a conocer algunas cosas sobre la moda española. Lee la siguiente información: ¿conoces las tiendas que se mencionan? Coméntalo con la clase.**

> ¿Sabes que...
> - España ocupa en la actualidad los primeros puestos del *ranking* internacional de la moda? *currently*
> - los logros de la moda española se reflejan en el éxito de empresas concretas: Zara, Adolfo Domínguez, Amichi, Camper, Mango, Custo Barcelona? *achievement* *success*

1.1.1. **Las tiendas anteriores ofrecen diferentes estilos y precios. Creemos que definir el estilo de ropa es muy subjetivo. La siguiente tabla muestra la diferencia entre ropa clásica y moderna para Carmen, diseñadora de moda. Mírala, ¿estás de acuerdo con ella? Coméntalo con la clase. Escribe en el espacio en blanco el nombre de la prenda que te va a decir tu profesor.** *previous* *offer* *shows*

Prenda/Calzado	Clásica	Moderna	Prenda/Calzado	Clásica	Moderna
1. los pantalones			2. la falda		

Prenda Calzado	Clásica	Moderna		Prenda Calzado	Clásica	Moderna
3. el vestido				10. el abrigo		
4. la camisa				11. el traje		
5. la camiseta				12. la corbata / La pajarita / (el lazo) pelo		
6. (desportes) la sudadera / el sueter / el jersey				13. el bañador / el pantalon corto		
7. los vequeros				14. el gorro de natación / el bikini / el bañador =		
8. la chaqueta				15. los zapatos		
9. la chaqueta de cuero O / la cazadora				16. las zapatillas		
				17. las botas		
				18. las sandalias		

1.2. Una pregunta típica cuando viajamos a otro país es: ¿qué ropa llevar? Carmen nos hace algunas recomendaciones muy generales. Vamos a concretarlas. Lee las listas de Carmen y, con tu compañero, complétalas escribiendo el nombre de la prenda.

Para hacer bien la maleta, estas son las prendas que debes llevar:

a Siempre:

1. Una prenda para situaciones formales:

si eres hombre:
t r a j e

si eres mujer:
v e s t i d o
más clásico.

2. Dos tipos de calzado:
z a p a t o s y
z a p a t i l l a s para hacer deporte.

3. Pantalón cómodo:
v a q u e r o

4. Ropa interior.
underwear

b Si viajas en invierno:

1. Dos prendas para el frío:
a b r i g o y
c a z a d o r a

2. Un calzado para la lluvia y el frío:
b o t a s

3. Prenda fuerte y gorda para el frío: J e r s e y

c Si viajas en verano:

1. Dos prendas para la playa:
B a ñ a d o r y b i k i n i

2. Prendas cómodas y frescas. Fáciles de lavar:
p a n t a l ó n e s cortos
y C a m i s e t a

También, si eres mujer: f a l d a
y v e s t i d o

3. Un calzado muy fresco:
footwear
s a n d a l i a s

4. Una prenda para las noches más frías:
c h a q u e t a

1.3.  Prepara tu maleta porque viajamos a la fiesta de inauguración de una tienda. Lee el titular y fíjate en la imagen. ¿Cómo se llama el dibujante del periódico?

we are travelling
opening
headline   look

Inauguración de la tienda n.° 1001 en la capital de la moda

Néstor a

Néstora

1.3.1. Néstor no fue a la fiesta. Un compañero lo llamó por teléfono y le describió la situación, pero hay algunas diferencias entre la realidad y su dibujo. Mira la situación real, que te muestra tu profesor, y compárala con el dibujo anterior. Habla con tu compañero y marca las diferencias entre las dos imágenes.

otra dibujo

Previous

1.3.2. Estas son las diferencias entre los dibujos anteriores. Lee la descripción, vuelve a mirar las imágenes y dibuja en los espacios una imagen que represente el significado de las palabras subrayadas.

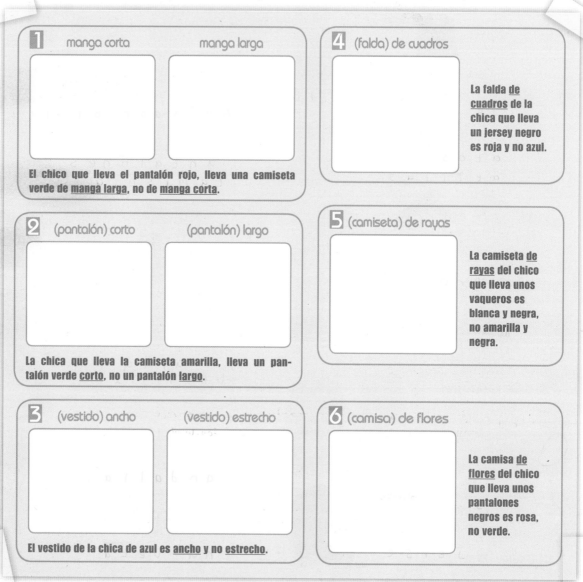

1 manga corta — manga larga

El chico que lleva el pantalón rojo, lleva una camiseta verde de <u>manga larga</u>, no de <u>manga corta</u>.

2 (pantalón) corto — (pantalón) largo

La chica que lleva la camiseta amarilla, lleva un pantalón verde <u>corto</u>, no un pantalón <u>largo</u>.

3 (vestido) ancho — (vestido) estrecho

El vestido de la chica de azul es <u>ancho</u> y no <u>estrecho</u>.

4 (falda) de cuadros

La falda <u>de cuadros</u> de la chica que lleva un jersey negro es roja y no azul.

5 (camiseta) de rayas

La camiseta <u>de rayas</u> del chico que lleva unos vaqueros es blanca y negra, no amarilla y negra.

6 (camisa) de flores

La camisa <u>de flores</u> del chico que lleva unos pantalones negros es rosa, no verde.

1.4. **R** Mira las actividades anteriores y completa.

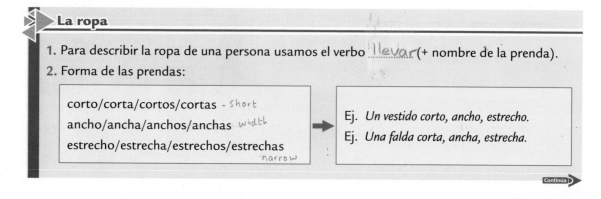

La ropa

1. Para describir la ropa de una persona usamos el verbo llevar (+ nombre de la prenda).

2. Forma de las prendas:

corto/corta/cortos/cortas - short
ancho/ancha/anchos/anchas width
estrecho/estrecha/estrechos/estrechas
narrow

Ej. *Un vestido corto, ancho, estrecho.*
Ej. *Una falda corta, ancha, estrecha.*

Continúa ▶

Unidad 2

sleeve de manga corta/larga	→	Ej. *Una camiseta de manga corta.* Ej. *Un vestido de manga larga.* (*corta* y *larga* se refiere a la manga).
picture de cuadros	→	Ej. *Una camisa de cuadros.* Ej. *Un abrigo de cuadros.* (*cuadros* no cambia de género ni de número).
stripped de rayas	→	Ej. *Un pantalón de rayas.* Ej. *Una falda de rayas.* (*rayas* no cambia de género ni de número).

3. Para corregir información errónea, no es necesario volver a repetir la frase, solamente el elemento equivocado. Completa el esquema con otros ejemplos de 1.3.2.

Elemento correcto	+ no +	Elemento incorrecto
Lleva una camiseta verde de manga larga (y)	*no*	*de manga corta.*
El vestido es ancho (y)	*no*	*estrecho.*
Un pantalón es corto	_no_	_largo_
Unos vaqueros es blanca(y)	_no_	_amarillo_

1.5. 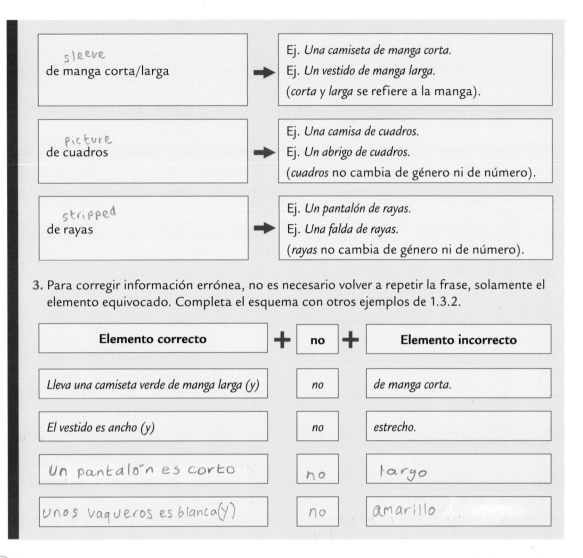 Te proponemos vestir a los maniquíes de diferentes tiendas para convertir la clase en un escaparate. Mira, primero, el significado de estas palabras.

> **Fíjate**
>
> • **Materiales:**
>
>
>
> de algodón   de piel   de lana
>
> • **Forma del calzado:** _footwear_
>
> _heel_ de tacón   _flat_ plano

1.5.1. Para vestir a los maniquíes y convertir la pizarra en un escaparate, vuestro profesor os va a dar las prendas que necesitáis y os explicará qué tenéis que hacer.

Informacción mas

1.5.2. En la descripción de los anteriores maniquíes, los escaparatistas han cometido algunos errores en la redacción. Lee los textos y corrígelos. Escribe, con tu compañero, una nota de *fe de erratas* para enviársela a las distintas tiendas. Usa las expresiones que has aprendido en 1.4. para corregir información errónea.

`Continúa ▷`

1 El maniquí de Sara lleva un jersey de lana verde liso, unos pantalones de cuadros verdes, unos zapatos negros planos.

2 El maniquí de Alberto Rodríguez lleva un jersey de lana azul, unos pantalones blancos de flores amarillas y unas botas negras de tacón.

3 El maniquí de Llero lleva una camisa de manga larga amarilla, una falda de algodón corta negra y unas zapatillas de deporte.

4 El maniquí de Caraoi lleva una cazadora de piel gris, un pantalón vaquero ancho, una camisa verde de cuadros y unos zapatos negros de tacón.

5 El maniquí de Menda lleva una camiseta de manga corta amarilla, una falda de algodón larga verde y unas sandalias planas.

6 El maniquí de Remira lleva un pantalón vaquero estrecho, una camisa negra de manga corta de cuadros y unos zapatos de tacón negros.

2 ¿Es importante la imagen en España?

2.1. Lee el texto que ha escrito Lynn, una turista, en un foro de una agencia de viajes. Es la imagen que ella tiene sobre la ropa en Barcelona. Contesta si las frases sobre Barcelona son verdaderas (V) o falsas (F), según su opinión.

En Barcelona hay una gran variedad de tiendas de ropa, para todos los gustos: desde las marcas más baratas y jóvenes como Bershka (línea juvenil de Zara) hasta las casas internacionales de primer nivel como Chanel.

Barcelona es una ciudad cosmopolita y bohemia, sí existen algunas normas sobre qué vestir y no vestir. Aquí os ofrezco algunos consejos para no parecer un turista muy obvio:

1. Tienes que aprovecharte de los precios más baratos del verano; normalmente los meses de julio y agosto. La palabra clave es: rebajas o *rebaixes* en catalán.

2. Los españoles realmente se preocupan sobre su apariencia e imagen personal. A los catalanes les gusta vestir bien y se interesan por el diseño y la calidad.

3. Si vas a un buen restaurante, tienes que vestir correcto, un equilibrio entre ir formal e informal: no llevar ropa muy usada o vieja, zapatillas de deporte, pantalones cortos…

4. En la playa todo está permitido, pero en la vida cotidiana (trabajo, estudios) no visten excesivamente informales, excepto los jóvenes.

5. Si vas a Barcelona por negocios, lleva tu ropa de trabajo: los hombres usan traje, también cuando hace calor. Y las mujeres llevan vestido o traje de chaqueta.

Pero ¡recuerda!: Barcelona es una ciudad multicultural y puedes ver todo tipo de gente.

	Barcelona		Valladolid		Ávila	
	V	F	V	F	V	F
1. Puedes encontrar tiendas baratas y caras.	☑	☐	☐	☐	☐	☐
2. Hay rebajas todo el año.	☐	☑	☐	☐	☐	☐
3. En general, es importante *vestir correcto*.	☑	☐	☐	☐	☐	☐
4. La gente viste de forma correcta en vacaciones y en el trabajo.	☑	☐	☐	☐	☐	☐
5. En el trabajo puedes vestir muy informal.	☐	☑	☐	☐	☐	☐

Unidad 2

2.2. 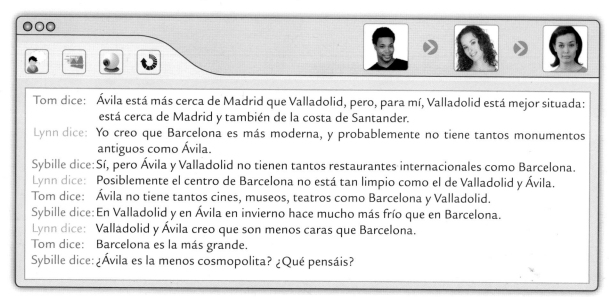 **[4]** Vamos a conocer distintas opiniones sobre otras ciudades. Escucha a Tom y Sybille, otros turistas, que comparan el texto de Barcelona con Valladolid y Ávila. Contesta en la tabla de 2.1. si las frases sobre estas ciudades son verdaderas (V) o falsas (F).

2.3. Lynn, Tom y Sybille comparan las tres ciudades anteriores, pero han extendido su discusión a otros temas. Lee sus opiniones y discute con la clase qué frases son pros y contras, según tu opinión.

Tom dice: Ávila está más cerca de Madrid que Valladolid, pero, para mí, Valladolid está mejor situada: está cerca de Madrid y también de la costa de Santander.

Lynn dice: Yo creo que Barcelona es más moderna, y probablemente no tiene tantos monumentos antiguos como Ávila.

Sybille dice: Sí, pero Ávila y Valladolid no tienen tantos restaurantes internacionales como Barcelona.

Lynn dice: Posiblemente el centro de Barcelona no está tan limpio como el de Valladolid y Ávila.

Tom dice: Ávila no tiene tantos cines, museos, teatros como Barcelona y Valladolid.

Sybille dice: En Valladolid y en Ávila en invierno hace mucho más frío que en Barcelona.

Lynn dice: Valladolid y Ávila creo que son menos caras que Barcelona.

Tom dice: Barcelona es la más grande.

Sybille dice: ¿Ávila es la menos cosmopolita? ¿Qué pensáis?

2.3.1. **R** Mira las reglas del siguiente cuadro y complétalo escribiendo ejemplos del texto de 2.3.

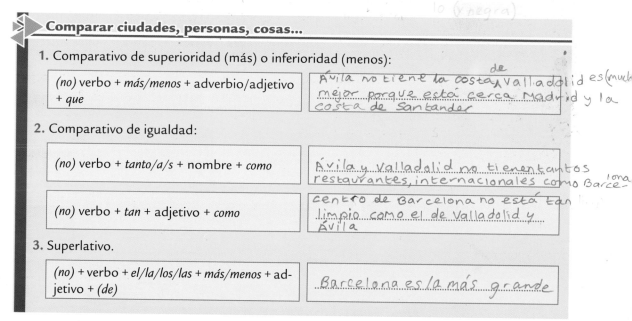

Comparar ciudades, personas, cosas...

1. Comparativo de superioridad (más) o inferioridad (menos):

(no) verbo + *más/menos* + adverbio/adjetivo + *que*	Ávila no tiene la costa, Valladolid es (much mejor porque está cerca de Madrid y la costa de Santander

2. Comparativo de igualdad:

(no) verbo + *tanto/a/s* + nombre + *como*	Ávila y Valladolid no tienen tantos restaurantes, internacionales como Barce-lona
(no) verbo + *tan* + adjetivo + *como*	centro de Barcelona no está tan limpio como el de Valladolid y Ávila

3. Superlativo.

(no) + verbo + *el/la/los/las* + *más/menos* + adjetivo + *(de)*	Barcelona es la más grande

2.3.2. Para practicar las comparaciones, recuerda la información sobre las tiendas y moda en España y sobre Valladolid, Ávila y Barcelona y, con tu compañero, escribe frases comparativas según las instrucciones que te da tu profesor.

2.3.3. Dividid la clase en grupos y, siguiendo las ideas que nos dan Tom, Lynn y Sybille, hablad de otras ciudades españolas que conocéis, comparándolas con las de vuestros países.

3 De compras

3.I. Estamos de compras por Barcelona. Para aprender el vocabulario que necesitamos para ir de tiendas, te proponemos un juego: "la yincana". Tu profesor tiene las instrucciones.

3.I.I. **Relación de las pruebas de la yincana.**

Prueba 1

Diálogo 1

D. Buenas tardes, ¿puedo ayudarle en algo?
C. Sí, quería ver camisetas.
D. Sí, al fondo, detrás de los pantalones.

Prueba 2

Diálogo 2

D. ¿Puedo ayudarle en algo?
C. Sí, por favor, ¿tiene una talla menos de estos pantalones?
D. No, lo siento; la S es la más pequeña.

Diálogo 3

C. ¿Puedo probarme estos pantalones?
D. Sí, allí están los probadores. fitting room

Diálogo 4

C. ¿Qué tal le quedan?
D. Mal. Me quedan grandes.

Prueba 3

Diálogo 5

C. Perdone, ¿esta falda la tienen en verde?
D. No. Lo siento, solo la hay en rojo y azul.
C. Bueno, pues la roja.

Diálogo 6

C. Perdone, ¿este vestido lo tienen en blanco?
D. Sí, aquí tiene.

Diálogo 7

C. Perdone, ¿estos vaqueros los tienen en negro?
D. Espere un momento. Voy a mirar.

Diálogo 8

C. Perdone, ¿estas botas las tienen en marrón?
D. Sí. Mire, allí.

Prueba 4

Diálogo 9

C. ¿Cuánto cuestan estos pantalones?
D. A ver: 40 €.
C. Se puede pagar con tarjeta, ¿verdad?
D. Sí. Allí en caja.

3.I.2. **Lee las siguientes explicaciones y toma nota de lo que no entiendas para preguntar a tu profesor.**

Comprar en una tienda de ropa

1. ■ *¿Puedo ayudar*le *en algo?*
   Es la frase que utiliza el/la dependiente/a para preguntar: *¿Qué quiere? Le* sustituye a *usted.*
   ■ *Quería (ver) camisetas.*
   Es la frase que utiliza el/la cliente para responder a la pregunta anterior del dependiente.

2. ■ *¿Tiene una talla menos?* ~~Size~~
   Talla es la medida de una prenda de ropa.
   ¿Puedo probarme estos pantalones? ~~can I try Testing~~
   Probarse es el verbo que se usa cuando quieres ponerte la prenda y comprobar que la talla es la correcta. El *se* cambia dependiendo de la persona del verbo, en el ejemplo es *yo (puedo).*
   ■ *¿Qué tal le quedan?/Me quedan grandes.*
   Es la frase que se utiliza para preguntar: *¿Cómo te sientan los pantalones? ¿Es tu talla? ¿Te gustan después de probártelos? Le* se refiere a *usted*: uso formal.

3. *Perdone, ¿esta falda* la *tienen en verde?/No, lo siento, solo* la *hay en rojo y azul.*
   La/lo/las/los son pronombres y sustituyen al nombre de la prenda:

Femenino singular:	Femenino plural:	Masculino singular:	Masculino plural:
la falda	**las camisas**	**el vestido**	**los pantalones**
la	las	lo	los

4. *¿Se puede pagar con tarjeta?* ~~Pay with card~~
   Es la pregunta que hacemos cuando queremos saber la forma de pago de una tienda.

3.1.3. 🔊 [5] **Prueba final de la yincana: te va a servir para repasar todo lo que hemos aprendido para ir de compras. Vas a escuchar diferentes frases que se dicen en una tienda. Tienes que escribir la pregunta o respuesta dependiendo de la frase que escuches. Las indicaciones entre paréntesis te ayudan.**

[1] (Sí, jersey) ..... *Sí, quería ver jerséis.* .....
[2] (camiseta) ....
[3] (camisa) ....
[4] ....
[5] ....
[6] ....
[7] (falda verde) ....
[8] (largos) ....
[9] (solo rosa) ....
[10] (vestido) ....

3.2. 🗣 **Dividid la clase en parejas e id de compras: simulad una conversación en una tienda de ropa.**

4 ¿Tópicos?

4.1. ✏ Repasa todas las actividades de esta unidad para contestar a las siguientes preguntas.

[1] En esta unidad he aprendido: *Diferentes estilos y descripción de la ropa.*

[2] Frases o palabras de esta unidad que quiero recordar especialmente:
Varios frases/palabras por ejemplo pagina 20

[3] Me gustaría repasar: ....

[4] Escribe en tu cuaderno tus impresiones u opiniones sobre el siguiente tema: "La imagen es muy importante en España".

Unidad 3

¿Tópicos? ¡Qué bien se come en España!

Tareas:
- Participar en una discusión sobre la comida en España: los tipos de bares y restaurantes, las tapas, los platos regionales...
- Participar en un concurso para elegir el mejor restaurante.
- Ir a un restaurante español.

Contenidos funcionales:
- Hablar de la comida.
- Preguntar por los ingredientes, la forma de cocinarse un plato y la especialidad de un restaurante.
- Pedir objetos.
- Desenvolverse en un restaurante.
- Expresar opinión y valorar.
- Describir la forma de cocinarse un plato.

Contenidos lingüísticos:
- Exponentes para preguntar por los ingredientes, la forma de cocinarse un plato y la especialidad de un restaurante.
- *¿Me puede traer/Me trae...?*
- *Mal/normal/salado...*
- Reglas fonéticas y ortográficas.
- Exponentes para desenvolverse en un restaurante.
- *Se* + tercera persona del presente de indicativo.

Contenidos léxicos:
- Comida y bebida: ingredientes, nombres de platos.
- Bares y restaurantes.

Contenidos culturales:
- Diferentes tipos de bares y restaurantes en España.
- Platos regionales.

I ¿Dónde se puede comer en España?

1.1. En España puedes encontrar diferentes tipos de restaurantes. Observa estas imágenes, lee las posibles diferencias que puede haber entre ellos y discute con la clase a qué bar se refieren.

Diferencias entre bar (A), bar de tapas (B), restaurante (C).

1.	Es barato porque se comparten las raciones. Puedes comer cosas muy diferentes. Se elige lo que quiere la mayoría.	B
2.	Es barato. Comes lo que tú eliges y todo es para ti.	A
3.	Puedes sentarte, pero no tienes mucho tiempo para estar.	B
4.	Puedes sentarte para comer, tienes tiempo y quieres estar cómodo para hablar con tu/s acompañante/s.	C
5.	Es más barato porque hay un menú del día: el bar cocina solamente 4 ó 6 platos: 2 ó 3 para empezar, 2 ó 3 de segundo y el postre.	A
6.	Es más caro, pero tienes una oferta de comidas muy variadas.	C
7.	Normalmente los clientes prefieren estar de pie.	B

1.1.1. Lee las siguientes situaciones y mira la actividad anterior. Discute con la clase el tipo de bar al que crees que van.

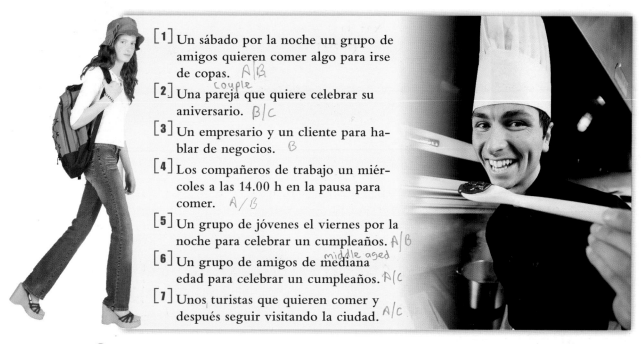

[1] Un sábado por la noche un grupo de amigos quieren comer algo para irse de copas. A|B

[2] Una pareja que quiere celebrar su aniversario. B|C

[3] Un empresario y un cliente para hablar de negocios. B

[4] Los compañeros de trabajo un miércoles a las 14.00 h en la pausa para comer. A/B

[5] Un grupo de jóvenes el viernes por la noche para celebrar un cumpleaños. A/B

[6] Un grupo de amigos de mediana edad para celebrar un cumpleaños. A/C

[7] Unos turistas que quieren comer y después seguir visitando la ciudad. A/C

1.1.2. Lee el texto sobre los bares y las tapas que te va a dar tu profesor.

1.2. ¿Cómo son los bares en tu país? ¿Se puede comer en ellos? ¿Hay diferentes tipos de establecimientos? Habla con la clase.

2 ¿Qué se come en España?

2.1. Es la hora de comer y unos turistas, Frank, Regina y Pierre, entran a un bar y miran la carta. ¿Qué diferencia hay entre platos combinados y menú del día? Háblalo con la clase.

PLATOS COMBINADOS

MENÚ DEL DÍA

Paella
Sopa
Espaguetis con chorizo

Calamares con ensalada
Pollo asado con patatas
Merluza a la plancha

Postre, pan
Vino, agua o cerveza

10 euros

2.1.1. 🔊 [6] **Frank y Regina quieren platos combinados. Escucha la grabación con la conversación entre ellos y el camarero y marca el plato combinado que piden.**

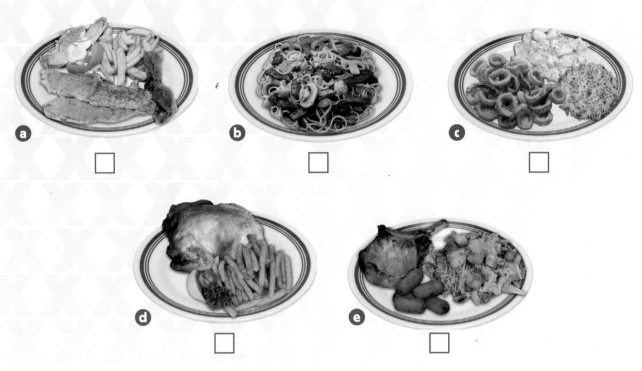

a ☐ b ☐ c ☐

d ☐ e ☐

2.1.2. ✏️ **La oferta de platos combinados para Pierre no es suficiente. Vamos a ofrecerle más opciones. Con el vocabulario que te va a enseñar tu profesor, diseña, junto a tu compañero, una carta con seis platos combinados para Pierre.**

Menú de PLATOS COMBINADOS

Plato ❶	Ingredientes
....	....
....	....
....	....

Plato ❷	Ingredientes
....	....
....	....
....	....

Plato ❸	Ingredientes
....	....
....	....
....	....

Plato ❹	Ingredientes
....	....
....	....
....	....

Plato ❺	Ingredientes
....	....
....	....
....	....

Plato ❻	Ingredientes
....	....
....	....
....	....

2.1.3. 🅡 **Escribe en este espacio las palabras anteriores que acabas de aprender. Organízalas de forma que puedas recordarlas más fácilmente.**

▷ **Vocabulario de alimentos**

2.2. 🔊 [7] Para repasar el vocabulario anterior, escucha las palabras de la grabación y decide cuál es la pronunciación que corresponde a las letras *g, j, c, z* en esas palabras.

		/ g / gato	/ x / gimnasia	/ k / casa	/ θ / cerdo
la lechuga	letra G	X			
el arroz	letra Z				
los espárragos	letra G				
las zanahorias	letra Z				
el cerdo o el cordero	letra C				
aceite de óliva	letra C				
los olivos	letra C				
los chícharos guisantes en una vaina	letra G				
calamar frito	letra C				
las salchichas	letra Z				
el chorizo	letra J				
el espagueti	letra G				
la naranja	letra J				

2.2.I. Escribe la palabra correspondiente a cada alimento en la línea de puntos de la actividad anterior. Trabaja con tu compañero.

2.3. [8] Vamos a trabajar más reglas de fonética-ortografía: escucha las palabras de la grabación, fíjate en la pronunciación de las siguientes letras y escribe una palabra en tu lengua que tenga un sonido similar.

	En español	En tu lengua
1 Letra ch.	Lechuga, chuleta, chorizo, salchichas, champiñones.	
2 Letras ll/y.	Pollo, mayonesa, paella.	
3 Letra h: no se pronuncia.	Huevos.	
4 Las letras b y v: se pronuncian igual.	Huevos, cebolla.	
5 La letra r: tiene diferentes pronunciaciones según la posición en la palabra.	Pimiento rojo, arroz, espárragos. Chorizo, calamares, cerdo, ternera.	

3 Vamos al restaurante

3.I. Lee el siguiente titular: pertenece a un anuncio de una guía de restaurantes. ¿Cómo crees que van a pedir la colaboración de los lectores?

Los 4 mejores restaurantes de España elegidos por grandes cocineros

Restaurante Amador   La buena mesa   Asador Segovia   Cuchara y tenedor

¿Qué opinan los lectores?

3.I.I. Para saber más, lee el anuncio y contesta a las siguientes preguntas.

[1] ¿Qué tienen que hacer los lectores que quieren participar?

[2] ¿Qué ofrecen a los lectores que participen? ¿Cuándo?

¿Los lectores opinan lo mismo?

Regalamos cuatro cenas, una en cada restaurante, el próximo martes. Si quieres participar, solo tienes que entrar en nuestra wèb www.buengourmet.com, recoger tu ticket, ir al restaurante, cenar y responder a una encuesta.

1. Visite el sitio web, obtenga un boleto, vaya a un restaurante y responda una encue[sta]
2. Una comida en un de los restaurantes - el próximo martes

Unidad 3

3.1.2. Lee las encuestas que te va a dar tu profesor y completa la tabla que publica el periódico.

Ingrediente principal	Restaurante Amador			La buena mesa			Asador Segovia			Cuchara y tenedor		
	1.er Plato	2.º Plato	Postre	1.er Plato	2.º Plato	Postre	1.er Plato	2.º Plato	Postre	1.er Plato	2.º Plato	Postre
carne												
pescado												
verduras												
hortalizas												
huevos												
lácteos												
fruta												
cereales												

vegetables (hortalizas)

Forma de cocinar el plato

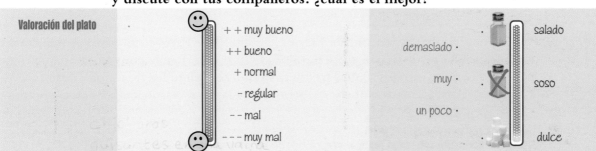

a la plancha (a) — *griddled*   cocido (b) — *cooked/boiled*   frito (c)   al horno (d) — *baked*

3.1.3. Lee de nuevo las encuestas para saber cómo valoran los lectores los restaurantes y discute con tus compañeros: ¿cuál es el mejor?

Valoración del plato

+ + muy bueno
++ bueno
+ normal
– regular
– – mal
– – – muy mal

demasiado ·
muy ·
un poco ·

salado
soso
dulce

3.1.4. Vuelve a leer las encuestas y, con tu compañero, completa el siguiente cuadro.

Para ir al restaurante

1. Preguntas para saber:
   - los ingredientes de un plato: ¿.. la ensalada de la casa?
   - la forma de cocinar: ¿.. la lubina?
     ¿... el pollo?
   - preguntar por el nombre de un ingrediente o un plato:
     ¿...la fruta de color naranja para hacer zumo?

2. Algunas formas de cocinarse un plato son:
   - .... : se necesita mucho aceite.
   - .... : se necesita muy poco aceite.
   - .... : se necesita agua.
   - ....: se necesita un horno. *oven*
   - a la romana: el alimento se pasa por huevo y harina.
   - empanado: el alimento se pasa por huevo y pan rallado. *breaded*
   - revuelto: el alimento se fríe mezclado con huevo. *scrambled*

Pregunta (¿?)	Respuestas

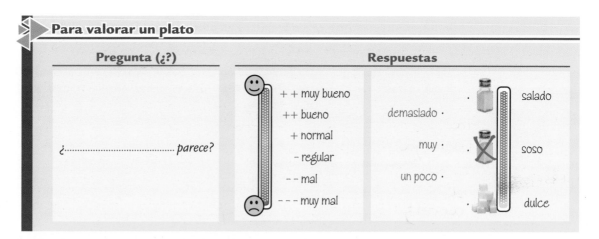

¿.............................. parece?

++ muy bueno
++ bueno
+ normal
– regular
– – mal
– – – muy mal

demasiado ·
muy ·
un poco ·

· salado
· soso
· dulce

Para describir la forma de cocinarse un plato

Se + tercera persona del presente de indicativo en singular o plural.

Ejemplos: ....
....

3.1.5. Mira los nombres de platos que te muestra tu profesor y si no los conoces, pregunta a tus compañeros o a tu profesor por los ingredientes, la forma de cocinarse, etc.

3.2. ¿En España se come bien? ¿Y en tu país? Habla con tus compañeros.

3.3. Federico, el amigo argentino de *Etapa* 1, ha venido a España. Él y sus amigos están en el restaurante y miran la carta para elegir su menú. Lee la conversación que tiene Federico con sus amigos y, con tu compañero, completa las frases que faltan (a veces necesitas leer la frase anterior y otras veces la frase posterior). Sigue el ejemplo.

Sara: No sé qué pedir, ¿tú que vas a cenar?
Roberto: Pues, de primero: revuelto de setas.
Federico: ¡Setas!, ¿qué es?
Roberto: Setas, pues, *es una hortaliza parecida al champiñón.* (1).
Federico: ¡Ah! Es que en Argentina las setas se llaman *hongos*. Creo que yo no, yo prefiero la ensalada de la casa, pero ¿...? (2).
Sara: Pues, no sé, imagino que lechuga, tomate, y más cosas. Ahora preguntamos al camarero. Yo voy a pedir una ensaladilla, hace mucho que no la como: la dieta, ya sabes…
Federico: ¡Vaya! ¿Por qué? ¿Qué lleva la ensaladilla en España, es igual que en Argentina?
Sara: Pues sí, creo que sí, lleva .... (3).
Roberto: ¿Y de segundo? Yo creo que lubina al horno.
Federico: La lubina es un pescado, ¿verdad? Yo voy a comer cordero asado.
Roberto: Recuerda que en España asado significa que está hecho .... (4).
Federico: Es verdad. En Argentina asado es a la brasa. Vale, está bien, cordero asado.
Sara: Yo, de segundo, una merluza a la plancha. ¿Y de beber, qué tomamos?
Federico: Ja, ja, ja…
Sara. ¿Qué pasa? ¿Por qué te ríes?
Federico: Es que en Argentina *tomar* es un verbo que usamos solamente para comer, *qué tomamos* significa *qué comemos*.
Roberto: Ja, ja, ja… Bueno, ¿vino?
Federico: Vale, un Rioja. Me encanta el vino de España.

Unidad 3

3.3.1. 📝 **Completa esta tabla con el menú que han elegido Federico y sus amigos.**

	De primero	De segundo	De primero	De segundo
Sara	ensaladilla			
Federico				
Roberto				

3.3.2. 🔊 [9] **Escucha el diálogo que tienen Federico y sus amigos con el camarero. Fíjate en que hay problemas con algunos de los platos que han elegido y tienen que cambiar la elección anterior. Escribe qué van a cenar finalmente en el segundo cuadro del ejercicio anterior.**

3.3.3. 📖 **Mira la transcripción del diálogo que te muestra tu profesor y, con tu compañero, completa el siguiente cuadro.**

> ### ▶ En el restaurante
>
> **1.** Para preguntar qué quiere el cliente, el camarero dice:
> 1. ....
> Otras opciones son:
> 2. *¿Qué quiere/quieren cenar/comer?*
> 3. *¿Tomo nota?*
>
> **2.** Cuando el restaurante no tiene algún plato que está en la carta, el camarero dice:
> 1. *Lo siento,* ....
> Otras opciones son:
> 2. *No queda/quedan...*
> 3. *No hay.*
>
> **3.** Cuando queremos algo de la mesa que está lejos de nosotros:
> 1. *Por favor,* ....
> Otras opciones son:
> 2. *¿Me das...?*
>
> **4.** Para pedir algo más al camarero:
> 1. *¿Me trae más pan, por favor?*
> 2. *¿Me pone otra cerveza, por favor?*

3.3.4. 🗣 **Para practicar, dividid la clase en grupos para ir a un restaurante. Vuestro profesor os va a dar diferentes cartas de platos, elegid un restaurante para cenar y simulad una conversación en él con el camarero.**

4 La comida en España

● ●

4.1. 📖 **¿Qué clase de libro es? El anuncio dice que *es más que una guía*. Lee todo el anuncio y, con tu compañero, relaciona los tipos de guía con la información que ofrece CAMPSA. Escribe el número de la guía que corresponde en el espacio en blanco.**

ESPAÑA
Guía
Campsa

Más que una GUÍA
Ofrece

Tres tipos de guías en una:
1. Guía de los mejores restaurantes.
2. Mapa de carreteras.
3. Guía de los mejores vinos y platos por comunidad autónoma.

a. Planificación de itinerarios. »»»»»» ☐

b. Rutas gastronómicas. »»»»»» ☐

c. Selección de las mejores bodegas y platos por comunidad autónoma. »»»»»» ☐

4.1.1. 🗣 ¿Existe un libro similar en tu país? ¿Cómo se llama? Habla con tus compañeros.

4.2. 📖 Hemos abierto la guía por la primera página de las rutas gastronómicas. Es una introducción a la comida de España. Léela y completa los espacios en blanco con las palabras que faltan. Para ayudarte, te damos pistas.

España tiene mucho que ofrecer a los turistas que quieren comer bien. Los (1) _pescados_ y mariscos son más frescos y baratos que en otros países europeos. Actualmente España es el (2)............................... país del mundo en consumo de pescado y marisco, después de (3) ....

La comida (4) .... es valorada en todo el mundo por su calidad y por la variedad de productos y platos; las diferencias de clima y estilo de vida hacen que cada región tenga comidas típicas de la zona. Aquí le ofrecemos algunos platos regionales:

❶ Tipo de comida del mar. Plural.

❷ Un número (un *ranking*).

❸ Un país oriental. Es una isla.

❹ Una nacionalidad. Estudias la lengua del país.

❺ Embutido del cerdo, de color rojo.

❻ Tipo de comida.

❼ Se usa para hacer bocadillos.

❽ Ingrediente de la ensalada de color rojo.

❾ Con ella y con el ajo se cocina casi todo en España.

Cocido madrileño: guiso de garbanzos, (5)..............., y (6) .... de pollo, ternera o cerdo.

Empanada gallega: tipo de (7) .... con carne o atún, verdura y tomate.

Paella valenciana: plato hecho con arroz, verduras, carne de pollo o mariscos.

Gazpacho: sopa fría de pimiento, (8) ...., ajo y cebolla.

Pisto: salsa de tomate, pimiento rojo, pimiento verde, más verduras, y (9) ....

4.3. 🗣 Habla con tus compañeros sobre los platos típicos regionales de tu país. Al final podéis hacer un mural para decorar la clase.

5 ¿Tópicos?

5.1. ✍ Repasa todas las actividades de esta unidad para contestar a las siguientes preguntas.

[1] En esta unidad he aprendido: ....
....

[2] Frases o palabras de esta unidad que quiero recordar especialmente: ....

[3] Me gustaría repasar: ....

[4] Escribe en tu cuaderno tus impresiones u opiniones sobre el siguiente tema: "La comida es muy importante en España".

Unidad 4

¿Tópicos? ¡Qué bonito es España!

Tareas:
- Explicar las características del turismo en nuestros países.
- Simular una conversación en una agencia de viajes.
- Completar un diario de viaje.

Contenidos funcionales:
- Planificar y reservar un viaje.
- Ir a la agencia de viajes.
- Expresar acciones pasadas en un tiempo no terminado.

Contenidos lingüísticos:
- Morfología del pretérito perfecto y participios irregulares.
- Marcadores temporales: *hoy, esta semana, hace unos minutos...*

Contenidos léxicos:
- Alojamientos.
- Medios de transportes.
- Tipos de viajes.
- Folletos turísticos.

Contenidos culturales:
- Paradores Nacionales.
- La isla de La Toja.

I Viajes

1.1.  ¿Te gusta viajar? En los viajes, ¿qué es importante para ti? Coméntalo con un compañero.

- [1] **el clima**
- [2] **la época del año**
- [3] **el transporte**
- [4] **el precio**
- [5] **el destino**
- [6] **el alojamiento**

Pues, para mí, el precio del viaje es importante, pero también el destino porque...

1.1.1. Explicad a la clase qué cosas tenéis en común. ¿Coincidís la mayoría?

1.2. En una página web hemos encontrado estas opciones de viajes para las vacaciones de Semana Santa. Léelas y con un compañero responde a las preguntas.

Ofertas de Semana Santa

http://www.ediviajes.com

Viaje de salud

¡Relájate en La Toja!

¿Que siempre llueve en Galicia? Olvídate y relájate. 2 noches en hotel de 4 estrellas, en régimen de MP en habitación doble con acceso a la zona de balneario y *spa*, 216 €.

Continúa ▷

Continúa ▶

Viaje cultural

¡Visita Roma en primavera y disfruta del buen tiempo!

Alojamiento en albergue en régimen de AD. En el centro de Roma a 10 minutos en autobús de los monumentos más importantes.
Habitaciones de 4 ó 6 camas. Visitas a Nápoles y Pompeya. Incluye entradas a monumentos, y vuelo de ida y vuelta Madrid–Roma–Madrid. 4 noches, 380 €.

Viaje playa

¡¡¡¡¡Más barato!!!!!

¡Sol y playa en Benidorm!

Apartamentos de dos dormitorios. Al lado de la playa. 2–4 personas. 400 €/semana.
Reserva anticipada, 10% de descuento.

Viaje de aventura

¡Aventura en el Pirineo catalán!

Clima ideal para hacer *rafting, treking,* esquí, *snowboard…*
Alojamiento en casa rural ANAEL. 8–10 personas. 30€ noche/persona.

[1] ¿Dónde duerme una persona que va a La Toja? ...... En un hotel de 4 estrellas .

[2] ¿Qué deportes puede hacer una persona que va al Pirineo catalán?..

[3] ¿Cómo va del albergue a los monumentos una persona que está en Roma? ....

[4] Una persona que va a Benidorm con reserva anticipada, ¿paga más o menos dinero?..

1.2.1. Lee estas frases e intenta descubrir el significado de las palabras en negrita.

[1] Un hotel es un tipo de **alojamiento**.
[2] Cuando haces un viaje con deportes como *rafting,* esquí, etc., es un **viaje de aventura**.
[3] El autobús es un **medio de transporte**.
[4] Cuando quieres obtener información de un viaje, por ejemplo los descuentos, lees un **folleto**.

1.2.2. Mira la página web de ediviajes.com y busca en los textos otras palabras relacionadas con alojamientos, tipos de viaje, medios de transporte y folleto. Con un compañero completa las palabras de los cuadros.

Viajar

A. ALOJAMIENTOS

1. `H O T E L`
2. `A _ _ _ _ G _ _`
3. `A _ _ _ _ A _ _ _ T`
4. `C _ _ _ R _ _ _ _`

Otros alojamientos son :

5. CAMPING
6. PARADOR

B. MEDIOS DE TRANSPORTE

1. `_ _ _ _ _ _ _ _`

Otros medios de transporte son:

2. AVIÓN 3. TREN 4. COCHE 5. BARCO

C. FOLLETO

1. `D E S C U E N T O`
2. `H _ _ _ _ _ _ C _ _ _ D _ _ _ _`
3. `I _ _ _ Y _ V _ _ _ _ _`
4. `_ _ P` (Media Pensión)
5. `A _` (Alojamiento y Desayuno)
6. RESERVA ANTICIPADA

Otras palabras relacionadas son:

7. SA (Solo Alojamiento)
8. PC (Pensión Completa)
9. HABITACIÓN INDIVIDUAL
10. SUPLEMENTO

D. TIPOS DE VIAJE

1. `V I A J E _ D E _ A V E N T U R A`
2. `_ _ _ _ _ _ _ _ _ _ _ _ _`
3. `_ _ _ _ _ _ _ _ _ _ _ _`
4. `_ _ _ _ _ _ _ _ _ _ _ _ _ _`

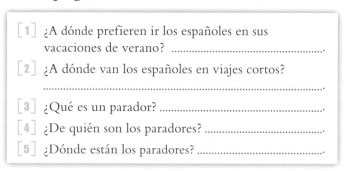

Otro tipo de viaje es:

5. VIAJE A LA MONTAÑA

1.3. Para practicar el vocabulario anterior, tu profesor te va a proponer un juego.

1.4. ¿Se viaja mucho en España? ¿Viajan tanto los jóvenes como los mayores? Vamos a leer un texto para conocer algo sobre el turismo español, pero primero comenta con un compañero las posibles respuestas a estas preguntas.

PARADORES

[1] ¿A dónde prefieren ir los españoles en sus vacaciones de verano? ....

[2] ¿A dónde van los españoles en viajes cortos? ....

[3] ¿Qué es un parador? ....

[4] ¿De quién son los paradores? ....

[5] ¿Dónde están los paradores? ....

1.4.1. Dividid la clase en cuatro grupos y comprobad las respuestas que podáis con el texto que os va a dar vuestro profesor.

1.4.2. ¿Y en tu país...? Piensa en estas preguntas y después comenta las respuestas con un compañero.

[1] ¿Cómo es el turismo en tu país?
[2] ¿A dónde viaja la gente?
[3] ¿Qué tipo de viajes hace?
[4] ¿Quiénes viajan más?
[5] ¿Hay hoteles similares a los paradores españoles?

1.5. Dividid la clase en tríos y diseñad una página de un folleto ofreciendo diferentes tipos de viaje. Utilizad el ejemplo de 1.2.

2 La agencia de viajes

2.1. Para aprender las frases que podemos utilizar en una agencia de viajes, mira el siguiente diálogo entre un empleado de la agencia y una clienta. Está dividido en 5 partes (A, B, C, D, E) que no están en el orden correcto. Léelo e intenta ordenarlo con un compañero. Escribe la letra adecuada en el espacio en blanco.

1..........   2..........   3..........   4..........   5..........

A

▶ Hotel, hotel.

▶ ¿Una habitación?

▶ No, una doble para mi marido y para mí, y otra individual para mi hermana.

▶ Vamos a ver si tenemos alguna oferta... Mire, tenemos un viaje en autobús desde el 11 hasta el 15, pero... son cuatro noches.

▶ ¡Ay! Perfecto porque el 15 es fiesta en Madrid. ¿Y qué tal el precio?

B

▶ ¿Cuánto es?

▶ 1295 euros. ¿Va a pagar en efectivo o con tarjeta?

▶ Con tarjeta.

▶ Aquí tiene. Dos días antes tiene que venir para confirmar y pagar el resto. ¿De acuerdo?

▶ Muy bien, gracias. Hasta luego.

▶ Adiós. Gracias.

Continúa ▶

C

- ▶ Hola, buenos días.
- ▶ Hola, quería información de viajes a Granada.
- ▶ ¿Playa o montaña?
- ▶ Playa.
- ▶ Y, ¿para cuándo?

D

- ▶ Vamos a ver... Sale por 420 euros por persona, pero la habitación individual tiene 35 euros de suplemento.
- ▶ No sé... ¿No tienen nada más barato?
- ▶ Piense que incluye el autobús, el alojamiento en régimen de MP las cuatro noches, visita guiada a la Alhambra y traslado del hotel a la ciudad.
- ▶ ¡Ah! ¿Con visita a la Alhambra? Pues, muy bien.
- ▶ Tiene que pagar un 20% para hacer la reserva, ¿se la hago?

E

- ▶ Pues... Para el mes de mayo.
- ▶ ¿Cuántos días?
- ▶ Tres noches.
- ▶ ¿Cuántas personas son?
- ▶ Tres.
- ▶ ¿Prefieren hotel, apartamento o ...?

2.1.1. Escucha y comprueba si el orden del diálogo anterior es correcto.

2.2. **R** Observa la conversación de 2.1. y escribe las frases que podemos utilizar en una agencia de viajes.

En la agencia de viajes

a) Para pedir información de viajes, el cliente dice:
1. ....
Otras opciones son:
2. *¿Puede darme información de viajes a...?*

b) Para preguntar por fechas, el empleado de la agencia dice:
1. ¿...?
Otras opciones son:
2. *¿Alguna fecha en especial?*
3. *¿Cuándo quieren ir?*

c) Para preguntar por el número de días, personas, y habitaciones, el empleado de la agencia dice:
1. ¿................................ *días?*
2. ¿................................ *personas* ....?
3. ¿..?

d) Para preguntar por el precio, el cliente dice:
1. ¿...?
Otras opciones son:
2. *¿Y cuánto es el total?*

e) Para preguntar cómo quiere pagar el cliente, el empleado dice:
1. ¿...?
Otras opciones son:
2. *¿Cómo va a pagar?*

2.3. El profesor os va a dar unas tarjetas para relacionar unas preguntas con sus respuestas.

2.4. En parejas o tríos haced una conversación en una agencia de viajes.

3 ¿Qué bonito es España?

3.1. ¿Recuerdas la página de www.ediviajes.com? Vuelve a mirarla y piensa qué viaje te gustaría hacer y cuál no. Coméntalo con un compañero.

A mí me gustaría ir al balneario porque en mi trabajo tengo mucho estrés y necesito relajarme.

Pues a mí no, prefiero la aventura.

3.2. Deanna es una turista estadounidense que viaja con unos amigos por España. Está haciendo uno de los viajes de la página web anterior. Lee el *e-mail* que le escribe a su profesora de español y responde a esta pregunta:

¿Qué viaje de
www.ediviajes.com
está haciendo?

De: deannamerica@estudiante.com

Para: anabelespa@profesora.com

Asunto: Mi viaje en España

Hola, Anabel:

¿Cómo estás? ¿Hay muchos estudiantes ahora en Minnesota? Yo en España estoy practicando mucho tu lengua.
Estoy un poco cansada porque ahora son casi las doce de la noche y mañana ya nos vamos de aquí. 😴
Este mes **ha sido** muy intenso. **Hemos viajado** por muchos lugares en Cataluña. **Ha habido** un poco de todo: cultura, relax, playa y montaña.
Esta semana nos **hemos alojado** en una casa rural muy bonita. Está en los Pirineos rodeada de montañas, ¡es un lugar increíble! **He hecho** *rafting* por primera vez y me **ha encantado.**
Hoy **hemos aprovechado** el tiempo al máximo. Esta mañana **he salido** de casa muy pronto con James para hacer *treking* y **hemos visto** diferentes tipos de aves. A las dos, **hemos vuelto** a la casa para comer con Max y Laura.
Esta tarde **ha llovido** y **hemos ido** a un balneario de un pueblo cercano. Me **he bañado** en agua helada y después **he estado** en la sauna. ¡Qué relax!
Esta noche **hemos puesto** todas nuestras cosas en las maletas y hace un rato **he escrito** también a mi hermana pequeña y le **he dicho** que vamos a vernos pronto. 😊
A ti también voy a verte la próxima semana porque esto se termina. 😫
Un abrazo,
Deanna.

Unidad 4

3.2.I. 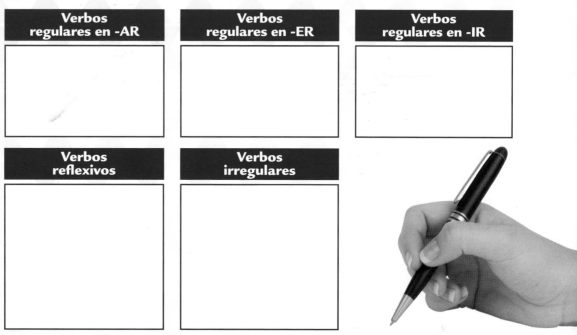 En el *e-mail* de Deanna se utiliza un nuevo tiempo para hablar del pasado. Ordena los verbos en negrita de la actividad anterior en estos cuadros. Para ayudarte, piensa cuál es el infinitivo de estos verbos.

Verbos regulares en -AR	Verbos regulares en -ER	Verbos regulares en -IR

Verbos reflexivos	Verbos irregulares

3.3. **R** Vuelve a leer el *e-mail* de Deanna y con un compañero completa este esquema gramatical.

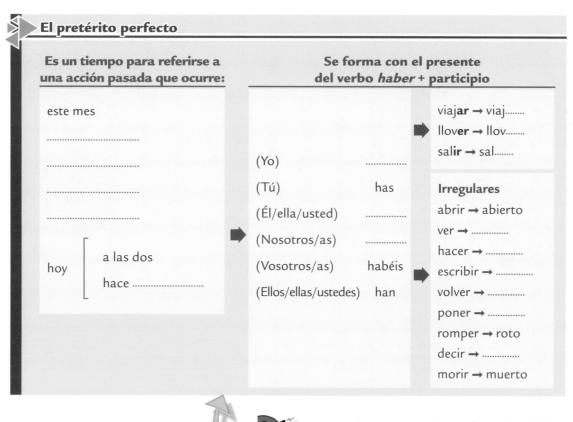

El pretérito perfecto

Es un tiempo para referirse a una acción pasada que ocurre:

este mes

....

....

....

....

hoy ⌈ a las dos

hace ....

Se forma con el presente del verbo *haber* + participio

(Yo)	....
(Tú)	has
(Él/ella/usted)	....
(Nosotros/as)	....
(Vosotros/as)	habéis
(Ellos/ellas/ustedes)	han

viaj**ar** → viaj........

llo**ver** → llov........

sal**ir** → sal........

Irregulares

abrir → abierto

ver → ....

hacer → ....

escribir → ....

volver → ....

poner → ....

romper → roto

decir → ....

morir → muerto

3.4. El profesor os va a dar unas tarjetas para practicar lo que has aprendido.

Los verbos reflexivos se construyen así:

• Hoy *me he levantado* tarde.

• ¿Dónde *te has alojado*?

3.5. ¿Sabes dónde está La Toja? En la página web de 1.2. hay un viaje allí. Lee el siguiente texto y piensa qué actividades se pueden hacer en esta isla.

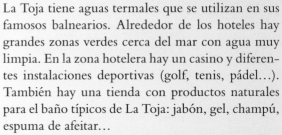

La isla de La Toja

La isla de La Toja está en Galicia. Desde el pueblo gallego más famoso por su marisco, O Grove, se puede ir a pie. Está muy cerca de la tierra y un pequeño puente une la isla con el pueblo.

La Toja tiene aguas termales que se utilizan en sus famosos balnearios. Alrededor de los hoteles hay grandes zonas verdes cerca del mar con agua muy limpia. En la zona hotelera hay un casino y diferentes instalaciones deportivas (golf, tenis, pádel…). También hay una tienda con productos naturales para el baño típicos de La Toja: jabón, gel, champú, espuma de afeitar…

Entre jardines y edificios está la famosa ermita de San Sebastián que está totalmente cubierta de conchas. Cuando la gente la visita, normalmente escribe su nombre en una de las conchas.

Actividades que se pueden hacer en La Toja:

- comer marisco
-
-
-

3.5.l. 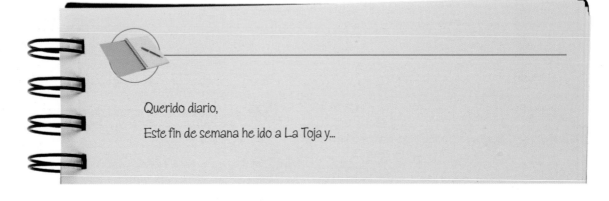 Imagina que este fin de semana has estado en la isla de La Toja. Escribe una página de tu diario contando lo que has hecho.

Querido diario,

Este fin de semana he ido a La Toja y…

3.6. Completa estas frases con información sobre ti, verdadera o falsa.

Este año

Este mes

Últimamente

Esta semana

Esta mañana

Hace unos minutos

3.6.1. Dividid la clase en tríos y leed las frases que habéis escrito para adivinar qué es verdad y qué es mentira.

4 ¿Tópicos?

4.1. Repasa todas las actividades de esta unidad para contestar a las siguientes preguntas.

[1] En esta unidad he aprendido: ....
....
....

[2] Frases o palabras de esta unidad que quiero recordar especialmente: ....
....
....

[3] Me gustaría repasar: ....
....
....

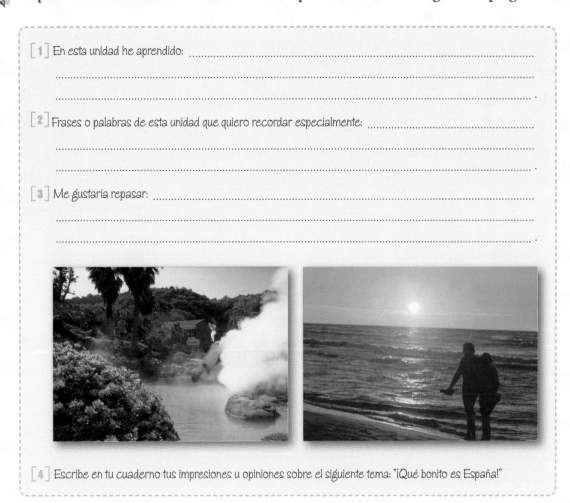

[4] Escribe en tu cuaderno tus impresiones u opiniones sobre el siguiente tema: "¡Qué bonito es España!"

Unidad 5

¿Tópicos? Típicos tópicos

Tareas:
- Participar en una discusión sobre diferentes tópicos relacionados con España.
- Conocer los viajes y experiencias de los compañeros de la clase.

Contenidos funcionales:
- Expresar acciones pasadas en un tiempo no terminado.
- Hablar de experiencias.

Contenidos lingüísticos:
- Morfología del pretérito perfecto y participios irregulares (repaso).
- Marcadores temporales para expresar experiencia: *nunca, ya, todavía no, alguna vez...*

Contenidos léxicos:
- Viajes.
- Comidas.
- Actividades de ocio y relacionadas con los intereses de cada uno.

Contenidos culturales:
- Lugares y actividades consideradas típicas para visitar y hacer en España.

I El turismo en España

1.1. ¿Qué ofrece España al turismo? Mira las siguientes imágenes y comenta con tus compañeros qué representan.

1.1.1. Tu profesor te va a dar una parte de un eslogan que utilizan las agencias de viajes para vender viajes a España. Léela y busca al compañero que tiene la otra mitad.

1.1.2. 📖 **Vuelve a leer los eslóganes que tienes debajo y completa las siguientes frases. Trata de descubrir el significado de las palabras en cursiva por el contexto, por la similitud con otras lenguas, porque identificas una parte de la palabra, etc.**

[1] *Enamorarse* es .... a otra persona.
[2] Un *complejo residencial* es un conjunto de ....
[3] *Bienestar* significa: sentirse ....
[4] *Catar*, *paladear* y *degustar* son diferentes verbos que tienen un significado similar a
....
[5] *Cena degustación* es una cena que incluye una selección de ....

Tenerife:
sol, playa, gente encantadora, vegetación tropical. Tierra de carnaval y de calor.

Escapada gastronómica en Sagunto (Valencia), puedes visitar su patrimonio histórico, pasear por su playa... y disfrutar de una deliciosa cena degustación en el Hotel Els Arenals.

En Málaga te está esperando un complejo residencial y turístico, el sol andaluz, ideal para disfrutar de las costumbres andaluzas más típicas, rodeado de lujo y bienestar.

Es la capital del VINO y del CABALLO y cuna del cante FLAMENCO. JEREZ es una atractiva ciudad para enamorarte.

Gerona: playa, fiesta...
Lloret de Mar te está esperando para descubrir todos sus secretos y por la noche:
¡una buena fiesta!

Burgos es una tierra para disfrutar con todos los sentidos.

Gozar de su clima, degustar su famosa gastronomía, paladear sus excelentes vinos y conocer algunos de sus monumentos más emblemáticos.

Ven a descubrir las sensaciones de catar un D.O. Ribera del Duero. Puedes disfrutar de vinos de altísima calidad. Excelentes para los tres sentidos.

La Rioja:
el cautivador hotel Doña Anita te ha preparado una estancia inolvidable. Todo para disfrutar de sus instalaciones, degustar un buen vino y relajarse.

LANZAROTE:
en esta isla de contrastes, por la diversidad de su clima, su geografía, su flora y su fauna, puedes relajarte tomando el sol en sus numerosas playas de arena rubia.

1.1.3. 🗣 **¿Qué imágenes ofrece España al turismo en cada uno de los eslóganes anteriores? Coméntalo con la clase.**

1.2. Dividid la clase en dos grupos, vuestro profesor os va a dar las experiencias de algunos turistas por España. Leedlas y completad el cuadro que os corresponda.

Grupo 1

	Lugar	¿Qué ha hecho/visitado/comido/etc.?		
1. Beatrice				
2. Julianna				
3. Isaac				

Grupo 2

	Lugar	¿Qué ha hecho/visitado/comido/etc.?		
1. Colline				
2. James				
3. Henry				

1.2.1. Contad al otro grupo las experiencias de los textos que habéis leído anteriormente. Escuchad las de vuestros compañeros, tomad notas y después leed los textos que han utilizado los compañeros del otro equipo para comprobar que su respuesta es correcta.

1.2.2. ¿Has hecho turismo por España? Cuéntale tus experiencias a la clase.

2 Turismo cultural y turismo típico

2.1. Salou, una ciudad turística de Tarragona, ha organizado un acto en su playa para promocionar el turismo cultural. Mira el principio de este artículo y comenta con la clase: ¿en qué consiste?, ¿qué te parece la idea?, ¿conoces algunos de los personajes de los que habla el texto?

Personajes literarios de ficción visitan hoy una playa de España

Varios personajes conocidos de la Literatura española visitan hoy la playa de Salou (Tarragona). Cinco actores dan vida a personajes de diferentes novelas como son: Don Quijote y Sancho, Don Juan Tenorio, la Celestina y el niño Lazarillo de Tormes.

2.1.1. **Para tener más información sobre los anteriores personajes, relaciona, con tu compañero, cada libro con su argumento.**

Personajes	Título del libro y autor
① D. Quijote y Sancho.	*El Ingenioso Hidalgo Don Quijote de la Mancha.* Miguel de Cervantes. •
② Juan Tenorio.	*Don Juan Tenorio.* José Zorrilla. •
③ Celestina.	*Tragicomedia de Calisto y Melibea.* Fernando de Rojas. •
④ Lazarillo.	*El Lazarillo de Tormes.* Anónimo. •

Argumento

• ⓐ Narra los amores de dos jóvenes que terminan en tragedia. Una mujer que hace de intermediaria es la culpable.

• ⓑ Es una carta autobiográfica. El protagonista cuenta los problemas de su infancia: un niño pobre maltratado por sus amos.

• ⓒ Cuenta la historia de un hombre que se vuelve loco por la excesiva lectura de libros de caballería y sale de viaje con un gran amigo para buscar aventuras.

• ⓓ Cuenta la historia trágica de un hombre cuyo objetivo es seducir mujeres.

2.1.2. **Las siguientes frases pertenecen a dos de los libros anteriores. Léelas y escribe el título.**

1. ¿Cuántos días empleáis en cada mujer que amáis?

2. Melibeo soy y a Melibea adoro y en Melibea creo y a Melibea amo.

3. ¡Oh, la más triste de las tristes! ¡Tan poco tiempo he poseído el amor, tan pronto ha venido el dolor!

4. Ah! ¿No es verdad, ángel de amor, que en esta apartada orilla más pura la luna brilla y se respira mejor?

5. Si pasa cerca, los perros ladran, el ganado bala, los burros rebuznan, todos dicen: ¡*Vieja!*

6. Uno para enamorarlas, otro para conseguirlas, otro para abandonarlas, dos para sustituirlas y una hora para olvidarlas.

2.2. **Shelma, turista en España, y un amigo, Ángel, hablan sobre el artículo anterior. Escucha y completa en qué lugares de España ha estado Shelma y cuándo.**

Tiempo	Ciudad
[1]	[1] ....
[2]	[2] ....
[3]	[3] ....
[4]	[4] ....
[5]	[5] ....

2.2.1. En el siguiente cuadro hay algunas de las actividades típicas que se pueden hacer en España. Vuelve a escuchar la grabación anterior y marca las que ha hecho Shelma.

1. Ir a un partido de fútbol. »»»»»»» ☐

2. Comer una paella. »»»»»»»»» ☐

3. Ver una corrida de toros. »»»»»»» ☐

4. Visitar el museo Picasso. »»»»»»» ☐

5. Hacer *windsurf.* »»»»»»»»»»» ☐

6. Pasear por el Albaicín. »»»»»»» ☐

7. Tomar el sol. »»»»»»»»»»»»»»» ☐

8. Escuchar flamenco en directo. »»» ☐

9. Comer *pescaíto* frito. »»»»»»»» ☐

10. Visitar la Alhambra. »»»»»»»» ☐

11. Comer una mariscada. »»»»»»» ☐

12. Beber sangría. »»»»»»»»»»» ☐

2.2.2. Con la información anterior, completa, con tu compañero, el siguiente cuadro sobre Shelma para comprobar si es una turista típica o no.

	Sí	No
[1] Esta semana en Granada	ha paseado por el Albaicín.	
[2] Este verano en Málaga		
[3] Este verano en Cádiz		
[4] Este mes en Madrid		
[5] (En algún lugar de España)		

2.2.3. **Busca en la clase qué compañeros han hecho las anteriores actividades, pregúntales también dónde.**

	Nombre	Lugar
1. Ir a un partido de fútbol.		
2. Comer una paella.		
3. Ver una corrida de toros.		
4. Visitar el museo Picasso de Málaga.		
5. Hacer *windsurf.*		
6. Pasear por el Albaicín.		
7. Tomar el sol en la playa.		
8. Escuchar flamenco en directo.		
9. Comer *pescaíto* frito.		
10. Visitar la Alhambra.		
11. Comer una mariscada.		
12. Beber sangría.		
13.		
14.		

2.3. **¿Conoces a los personajes que te muestra tu profesor? ¿Quién crees que ha hecho estas cosas? Tu profesor te va a dar información sobre ellos. Léela y completa las siguientes frases con su nombre y el verbo correcto.**

[1]	Pantera rosa	ha desayunado	(desayunar) té y tostadas esta mañana.
[2]			(leer) tres veces *Suave es la noche* hasta el momento.
[3]			(cenar) en Casa Pata este mes.
[4]			nunca (leer) un libro.
[5]			(jugar) al golf esta semana.
[6]			(ir) a Francia, Italia, Rusia y Egipto este año.
[7]			(quedar) con Filemón tres veces este mes.
[8]			(montar) en bicicleta todos los días de esta semana.
[9]			(ver) *La vida de Brian* cinco veces hasta el momento.
[10]			(comer) hoy en Donatello.
[11]			(disfrazarse) de bombero muchas veces.
[12]			(llamar) por teléfono al Zorro hace un momento.

3.1. Hemos hablado de cosas turísticas típicas. Pero, y en la vida, ¿qué cosas típicas piensas que hacemos todos? Para Candela, una mujer viajera, estas son algunas de las experiencias que no debemos perdernos. ¿Estás de acuerdo con ella? Discútelo con la clase.

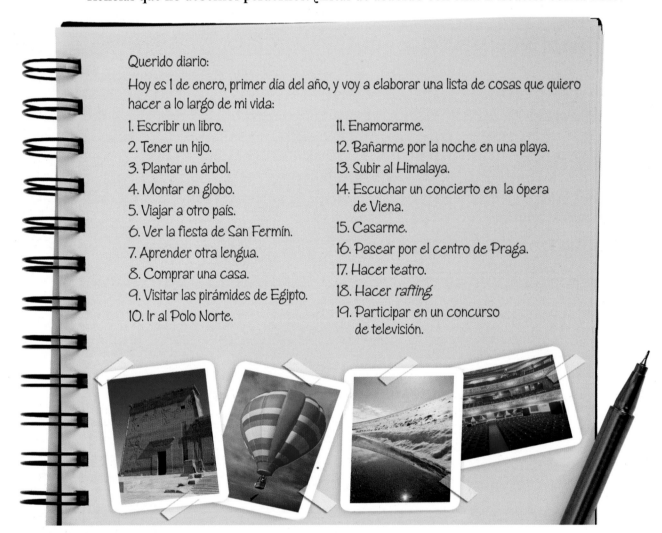

Querido diario:

Hoy es 1 de enero, primer día del año, y voy a elaborar una lista de cosas que quiero hacer a lo largo de mi vida:

1. Escribir un libro.
2. Tener un hijo.
3. Plantar un árbol.
4. Montar en globo.
5. Viajar a otro país.
6. Ver la fiesta de San Fermín.
7. Aprender otra lengua.
8. Comprar una casa.
9. Visitar las pirámides de Egipto.
10. Ir al Polo Norte.
11. Enamorarme.
12. Bañarme por la noche en una playa.
13. Subir al Himalaya.
14. Escuchar un concierto en la ópera de Viena.
15. Casarme.
16. Pasear por el centro de Praga.
17. Hacer teatro.
18. Hacer *rafting*.
19. Participar en un concurso de televisión.

3.1.1. Para saber qué proyectos de los anteriores ha realizado Candela y cuáles no, nos ha mandado una hoja con las respuestas, pero faltan las preguntas. Mira la actividad anterior y escríbelas.

Preguntas para Candela:	No, pero quiero hacerlo algún día.	Sí, una vez/ varias veces/ muchas veces.	Sí. ¡Por fin! Siempre he querido hacerlo.
1. ¿ Has escrito un libro ?	X		
2. ¿ ?	X		
3. ¿ ?			X
4. ¿ ?			X

Continúa ▷

Unidad 5

Continúa ▶

#		Ya	Todavía no	Muchas veces/nunca
5.	¿.............................?		X	
6.	¿.............................?	X		
7.	¿.............................?			X
8.	¿.............................?	X		
9.	¿.............................?			X
10.	¿.............................?	X		
11.	¿.............................?		X	
12.	¿.............................?		X	
13.	¿.............................?	X		
14.	¿.............................?			X
15.	¿.............................?	X		
16.	¿.............................?			X
17.	¿.............................?	X		
18.	¿.............................?		X	
19.	¿.............................?			X

3.1.2. 🔊 [12] Escucha a Candela, fíjate en las respuestas de la actividad anterior y completa en el espacio en blanco las palabras que utiliza para expresar lo siguiente.

[1] No, pero quiero hacerlo algún día: ....

[2] Sí. ¡Por fin! Siempre he querido hacerlo: ....

3.1.3. R Completa el siguiente cuadro con dos ejemplos de la actividad 3.1., según tus experiencias y proyectos.

Hablar de proyectos y experiencias

Ya	Todavía no	Muchas veces/nunca
Expresamos que un proyecto se ha realizado en el pasado, antes del momento de hablar.	Expresamos que un proyecto no se ha realizado en el pasado, pero que tenemos intención de hacerlo en el futuro.	Expresamos nuestra experiencia.
Ejemplos:	Ejemplos:	Ejemplos:
1.	1.	1. ....
2.	2.	2. ....

3.2. Dividid la clase en grupos, pensad en las actividades típicas que se pueden o deben hacer en la ciudad donde estudiáis español y escribidlas.

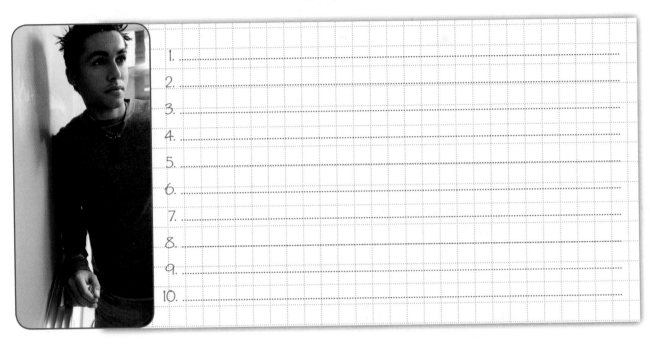

1. ....
2. ....
3. ....
4. ....
5. ....
6. ....
7. ....
8. ....
9. ....
10. ....

3.2.1. Siéntate con un compañero del otro grupo y pregúntale si ya ha hecho las actividades de 3.2. o todavía no. Contéstale a sus preguntas.

3.3. Mira en la actividad 3.1. la opinión de Candela sobre las cosas típicas que todos debemos hacer, marca las que estás de acuerdo y escribe un texto diciendo cuáles has hecho ya y cuáles todavía no.

4 ¿Tópicos?

4.1. Repasa todas las actividades de esta unidad para contestar a las siguientes preguntas.

[1] En esta unidad he aprendido: ....
....
....

[2] Frases o palabras de esta unidad que quiero recordar especialmente: ....
....
....

[3] Me gustaría repasar: ....
....
....

[4] Escribe en tu cuaderno tus impresiones u opiniones sobre el siguiente tema: "España ofrece muchas opciones turísticas".

Etapas

Libro de ejercicios

Etapa 3
¿Tópicos?

Nivel

A2.1

© Editorial Edinumen, 2009.
© **Equipo Entinema:** Beatriz Coca del Bosque, Anabel de Dios Martín, Sonia Eusebio Hermira, Elena Herrero Sanz, Macarena Sagredo Jerónimo.
   Coordinación: Sonia Eusebio Hermira.
© **Autoras de este material:** Beatriz Coca del Bosque, Elena Herrero Sanz, Macarena Sagredo Jerónimo.

Coordinación editorial:
Mar Menéndez

Diseño y maquetación:
Carlos Yllana

Ilustraciones:
Carlos Yllana

Fotografías:
Archivo Edinumen

Editorial Edinumen
José Celestino Mutis, 4.
28028 Madrid
Teléfono: 91 308 51 42
Fax: 91 319 93 09
e-mail: edinumen@edinumen.es
www.edinumen.es

Edi
numen

Índice de contenidos

Las soluciones y transcripciones de los ejercicios puedes consultarlas en **www.edinumen.es/eleteca**

¿Tópicos? ¡Qué tiempo hace en España!

I.I. Relaciona las siguientes imágenes con su posible significado.

- **a.** Hablar con nativos. ....
- **b.** El Arte. ....
- **c.** Los monumentos. ....
- **d.** Pasear por la ciudad. ....
- **e.** La Literatura. ....
- **f.** Las fiestas populares. ....
- **g.** Hacer fotos. ....
- **h.** Las corridas de toros. ....

I.I.I. Define qué significan las palabras anteriores.

1. ....
2. ....
3. ....
4. ....
5. ....
6. ....
7. ....
8. ....

I.2. Estas son las cosas que les interesan a Juanjo, Cristina, Mónica, Álvaro y Javier. Mira el siguiente cuadro y completa las frases. No te olvides de poner el pronombre adecuado.

	Juanjo	Cristina	Mónica	Álvaro	Javier
Ir de compras.	X	X		X	
La política.	X	X	X	X	X
Estudiar idiomas.		X	X		
Los deportes.	X			X	X
La música clásica.				X	X
Los museos.		X	X		

1. A Juanjo _le_ interesan _ir de compras, la política y los deportes_

2. A Cristina y a Mónica _les_ interesa _la política, estudiar idiomas y los muse_

3. A todos _les_ interesa _la política_

4. Javier: "A Álvaro y a mí _nos_ interesa _la política y la música clásica_

5. A Álvaro no _le_ interesan _estudiar idiomas y los museos_

6. Juanjo: "No _le_ interesa _estudiar idiomas, la música clásica ni los museo_

7. A las chicas _les_ interesan _la política, estudiar idiomas y los museos_

8. A Juanjo, a Cristina y a Mónica no _les_ interesa _la música clásica_

I.3. Continúa las siguientes frases mostrando tus intereses como en el ejemplo.

Ejemplo: No me interesan las películas de ciencia-ficción.
- _A mí tampoco._

1. A mi sobrino le interesan muchísimo los cómics de Japón.
- _A mí no_

2. A muchas personas mayores les interesan los programas de salud de la televisión.
- _A mí también_

3. No me interesa la vida de las personas famosas.
- _A mí tampoco_

4. Me interesa muchísimo la cultura de otros países.
- _A mí también_

5. A mis padres les interesa mucho conocer nuevas ciudades.
- _A mí también_

I.4. Escucha y completa los siguientes textos con las cifras que faltan.

[13]

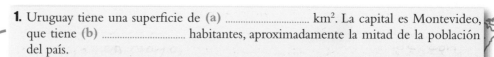

1. Uruguay tiene una superficie de **(a)** .... km². La capital es Montevideo, que tiene **(b)** .... habitantes, aproximadamente la mitad de la población del país.

2. Situada al norte de América del Sur está Venezuela, un país con una población de **(a)** .... habitantes. Está dividida en 23 distritos, más el Distrito capital, repartidos en sus **(b)** .... km² de extensión.

3. La capital de Perú es Lima y tiene **(a)** .... habitantes, casi un cuarto de su población total: **(b)** ....

4. España está dividida en 19 comunidades autónomas, la más grande es Castilla-León con una superficie de **(a)** .... km² repartida en nueve provincias.

Escribe las cantidades anteriores con letras.

1. a. ....
   b. ....

2. a. ....
   b. ....

3. a. ....
   b. ....

4. a. ....

choose

I.5. **Completa con el verbo adecuado** *(ser/estar/tener)* **y elige la opción correcta en la respuesta.**

1. ¿Dónde ......*está*...... Estonia?
   a. al lado de Letonia. ✓   **b.** al lado de Lituania.   **c.** entre Letonia y Lituania.

2. ¿Cuál ......*es*...... la capital de Turquía?
   a. Estambul. -*antes*   **b.** Éfeso.   **c.** Ankara. ✓

3. ¿Cuántos habitantes ......*tiene*...... España? 46,429,603   *cuarenta seis millón es cuatrocientos veintinueve mil seiscientos y tres.*
   a. 44 708 964. ✓   **b.** 82 310 000.   **c.** 58 751 711.

4. ¿Dónde ......*está*...... los Urales? *cordillera en rusia*
   a. Entre EE. UU. y Canadá.   **b.** Entre Europa y Asia. ✓   **c.** Entre Francia y Suiza.

5. ¿Cuál ......*es*...... el río más largo del mundo? *segundo*   *tercera*
   a. Nilo. ✓   **b.** el Amazonas.   **c.** Yang Tse.

6. ¿Cuántos países ......*tienes*...... el español como lengua oficial?
   a. 30.   **b.** 13.   **c.** 21. ✓

I.5.I. **Lee los textos y comprueba tus respuestas.**

Estonia está situada en el noreste de Europa. Forma parte de la Unión Europea desde 2004. Sus fronteras son Letonia al sur, Rusia al este, el golfo de Finlandia al norte y el mar Báltico al oeste.

Estambul es la ciudad más grande de Turquía, pero no es la capital. Desde 1923 la capital es Ankara, situada en el centro de la Anatolia.

Take into account
Teniendo en cuenta que España es uno de los países con mayor superficie de Europa, no tiene mucha población: cuarenta y cuatro millones setecientos ocho mil novecientos sesenta y cuatro habitantes.

Los Urales se consideran la frontera natural entre Europa y Asia. Su recorrido es de unos 2500 km, Narodnaya es la montaña más alta con 1894 metros.

4

El río más largo (6756 km) y más caudaloso del mundo es el Amazonas seguido del Nilo. Los países que atraviesa son: Perú, Colombia y Brasil.

Según datos de la UNESCO, 400 millones de personas hablan español. Es la lengua oficial de veintiún países; la mayoría de ellos están en América.

1.6. Recuerda la información sobre el tiempo y escribe el significado de las imágenes.

1. Hacer frio
2. Hace calor
3. llueve / está lloviendo
4. esta nevando / nievo
5. Esta nublado / hay nubes
6. Hacer sol
7. Hacer / invierno
8. Hacer / hay tormenta

1.7. Escribe sobre las estaciones en tu ciudad: cuándo comienzan y terminan y qué tiempo hace en cada una de ellas.

Primavera

En Londres la primavera comienza en marzo y termina en mayo. A veces llueve, hace sol con algo de viento.

Verano

En Londres el verano comienza en junio y termina en agosto. Hace sol y hace calor.

Otoño

En Londres el otoño comienza en septiembre y termina en noviembre. Hace viento, está nublado y a veces hay tormenta.
(cloudy)

Invierno

En Londres el invierno comienza en diciembre y termina en febrero. Está mas frío, llueve y a veces nieva y hay niebla
(fog)

1.8. Escucha y completa el mapa con la información del tiempo.

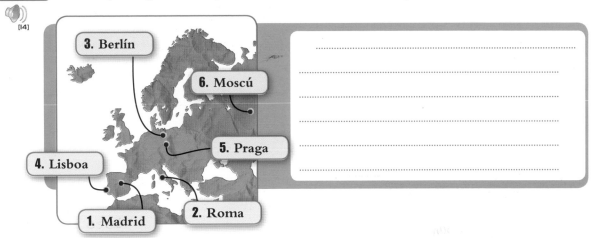

3. Berlín
6. Moscú
5. Praga
4. Lisboa
2. Roma
1. Madrid

....
....
....
....
....

1.9. Relaciona la imagen con la fecha y el nombre de la fiesta.

1. Semana Santa   2. La Tomatina   3. Nochevieja   4. Día de los Reyes Magos

a.   b.   c.   d.

A. Último miércoles del mes de agosto.   C. 6 de enero.

B. 31 de diciembre.   D. Mes de marzo o abril.

1. c y d   2. a y b   3. d y b   4. b y c

1.10. Escucha la información de algunas fiestas populares, marca la frase que es falsa y corrige la información.

1. La Semana Santa
a. Es una fiesta religiosa. ☑
b. Una de las ciudades más famosas donde se celebra es Sevilla. ☑
c. En sus procesiones se canta flamenco. ☐
No flamenco – se canta saetas

2. La Tomatina
a. Se celebra en Buñol, un pueblo de Andalucía. *en Valencia* ☐
b. Ese día se tiran más de cien toneladas de tomates. ☑
c. Se retransmite en directo por televisión en Estados Unidos y algunos países de Europa. ☑

3. El día de los Reyes Magos
a. Los tres Reyes son blancos. ☐
b. Los tres Reyes se llaman Melchor, Gaspar y Baltasar. ☑
c. Los niños escriben la carta a los Reyes Magos para pedirles los regalos que quieren. ☑

4. La Nochevieja
a. En España la tradición es comer doce uvas. ☑
b. Ahora está de moda llevar ropa interior roja. ☑
c. Se suele brindar con vino. ☐
con champán

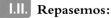

I.II.1. Elige la opción correcta.

1. A mi hermana no le _interesa_ nada el fútbol.
- **a.** interesa
- **b.** interesan

2. No me _interesa_ mucho la política.
- **a.** interesa
- **b.** interesan

3. Juan, a ti no te _interesan_ los toros, ¿no?
- **a.** interesa
- **b.** interesan

4. A todos los estudiantes les _interesa_ aprender bien español.
- **a.** interesa
- **b.** interesan

5. A mi novia y a mí nos _interesan_ las mismas cosas.
- **a.** interesa
- **b.** interesan

I.II.2. Elige la opción correcta.

1. Tu ciudad _está_ en el norte, ¿verdad?
- **a.** es
- **b.** está

2. Andorra _es_ uno de los países más pequeños del mundo.
- **a.** es
- **b.** está

3. _Es_ la ciudad más grande de Alemania.
- **a.** Es
- **b.** Está

4. Toledo _está_ muy cerca de Madrid.
- **a.** es
- **b.** está

5. Mi ciudad _es_ divertida y muy dinámica.
- **a.** es
- **b.** está

I.II.3. Completa las siguientes cifras.

1. `134 678` Ciento treinta y _cuatro mil seiscientos_ setenta y _ocho_

2. `19 548 202` _diecinueve millones_ quinientos _cuarenta ocho_ mil doscientos _dos_

3. `98 444` _noventa ocho mil cuatrocientos_ cuarenta y cuatro.

4. `551 318` _Quinientos_ cincuenta y un mil _trescientos dieciocho_

5. `1 714 961` _un millón setecientos_ catorce mil _novecientos sesenta_ y uno.

I.II.4. Escribe las palabras siguientes en la columna correspondiente.

> calor ■ tormenta ■ mal tiempo ■ buen tiempo ■ viento

Hace	Hay
calor viento	tormenta
mal tiempo	
buen tiempo	

¿Tópicos? ¡Cómo visten los españoles!

2.1. Escucha esta entrevista a un diseñador famoso y marca las prendas de ropa que se van a llevar en la temporada de invierno.

garments

[16]

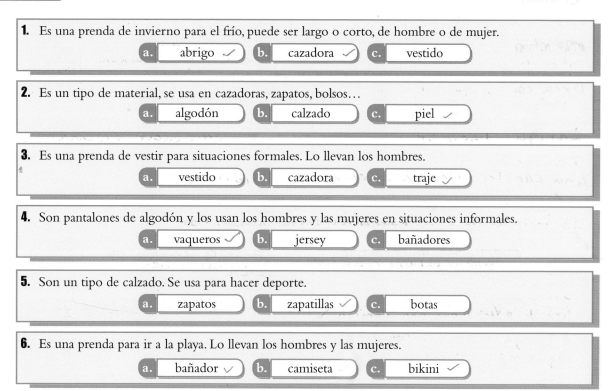

2.2. Elige la opción correcta.

1. Es una prenda de invierno para el frío, puede ser largo o corto, de hombre o de mujer.
- **a.** abrigo ✓
- **b.** cazadora ✓
- **c.** vestido

2. Es un tipo de material, se usa en cazadoras, zapatos, bolsos…
- **a.** algodón
- **b.** calzado
- **c.** piel ✓

3. Es una prenda de vestir para situaciones formales. Lo llevan los hombres.
- **a.** vestido
- **b.** cazadora
- **c.** traje ✓

4. Son pantalones de algodón y los usan los hombres y las mujeres en situaciones informales.
- **a.** vaqueros ✓
- **b.** jersey
- **c.** bañadores

5. Son un tipo de calzado. Se usa para hacer deporte.
- **a.** zapatos
- **b.** zapatillas ✓
- **c.** botas

6. Es una prenda para ir a la playa. Lo llevan los hombres y las mujeres.
- **a.** bañador ✓
- **b.** camiseta
- **c.** bikini ✓

2.3. Mira la imagen de la fiesta, escucha y escribe debajo de cada persona su nombre.

[17]

| Enrique ■ Andrés ■ Ana ■ Miriam ■ Ricardo |

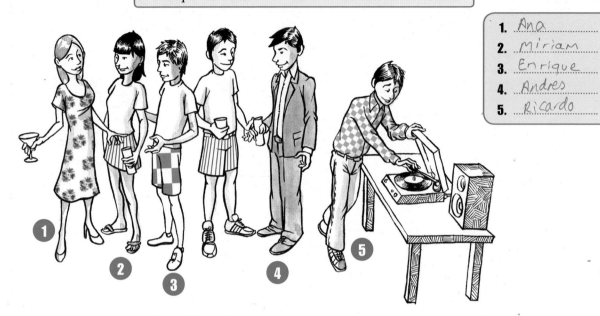

1. Ana
2. Miriam
3. Enrique
4. Andrés
5. Ricardo

2.3.1. Vuelve a mirar la imagen de la fiesta y describe en el cuadro, con más detalle, cómo van vestidas esas personas.

1. Ana está lleva un vestido largo de manga corta. Sus zapatos tienen tacones.

2. Miriam ~~está~~ lleva una falda corta de rayas y una camiseta blanca con mangas cortas. Ella también lleva sandalias

3. Enrique está lleva unas pantalones cortos con cuadrados, una camiseta blanca y zapatillas

4. Andrés esta lleva un traje, camisa blanca y zapatos ....

5. Ricardo está lleva una camisa de manga larga con cuadrados vaqueras y zapatillas

2.4. Escribe qué ropa llevas en cada una de estas situaciones.

1. Para ir a una fiesta muy elegante.
   Llevo un vestido largo con mangas cortas, una chaqueta con zapatos con un tacón corto

2. Para salir con amigos de copas.
   Llevo una falda corta con una camisa de manga larga y zapatos planos

3. Para ir a trabajar.
   llevo unos vaqueros, una camiseta con manga cota y zapatillas

4. Para ir a la playa.
   Llevo el bañador con una camisa larga de manga corta

5. Para ir un fin de semana de camping.

2.5. Lee estos correos y escribe frases comparativas con las indicaciones que tienes.

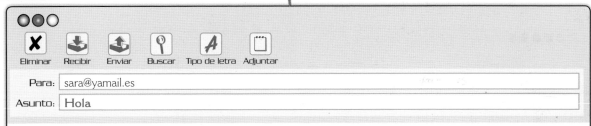

Para: sara@yamail.es
Asunto: Hola

Hola, Sara:

¿Qué tal te va? ¿Qué tal la vida en la gran ciudad?

Yo estoy encantada de vivir en Madrigal, mi pueblo. Desde que estoy aquí soy más feliz. Mira, vivir en un pueblo es muy **(1)** *tranquilo*, **(2)** *hay poco tráfico y poco ruido* y ¡está todo tan **(3)** *limpio*!

¡Esto es calidad de vida!

Además es un pueblo muy bonito, de verdad, tienes que venir a verlo.

Bueno, y la gente es muy **(4)** *abierta*, tengo relación con todos los vecinos. Nos ayudamos mucho entre nosotros.

Claro que, a veces, **(5)** *es aburrido*: **(6)** *no tiene muchos cines, ni teatros, ni museos…*; bueno, **(7)** *tiene cuatro restaurantes*, en los que se come muy bien, comida tradicional y muy, muy baratos, **(8)** *todo es barato*: la vivienda, la comida…Insisto, tienes que venir, creo que esto te va a gustar.

Te mando un beso muy fuerte. A ver si nos vemos pronto.

Clara

Para: clara@yamail.es
Asunto: RE: Hola

Hola, Clara:

Me alegra que estés tan contenta en tu pueblo.

La verdad es que yo también lo estoy aquí, en Villamar, la gran ciudad, como tú dices, 😊

Sí, ya sé que **(1)** *no es una ciudad muy tranquila* y que **(2)** *hay mucho tráfico y ruido*, pero ¡me encanta! Bueno, hay mucha contaminación y **(3)** *no está muy limpia*, sobre todo en el centro, pero a mí me gusta.

Tengo que decirte que ya tengo muchos amigos, muy simpáticos, es que aquí **(4)** *la gente también es muy abierta*. Y **(5)** *es una ciudad muy divertida*; ya sabes que soy muy activa y que me gusta hacer muchas cosas y *Villamar* **(6)** *tiene mucha oferta cultural: cines, teatros, museos…*, nunca me aburro. Otra cosa que me gusta es que puedo elegir qué tipo de comida quiero, **(7)** *¡tiene tantos restaurantes internacionales!* Eso sí, **(8)** *es todo muy caro*, pero no importa, de momento me quedo a vivir aquí.

Clara, espero verte muy pronto. Quizás voy a hacerte una visita a tu pueblo.

Muchos besos.

Sara

1. Madrigal *es mas tranquilo que* .... Villamar.

2. En Madrigal no .... en Villamar.

3. Villamar no .... Madrigal.

4. La gente de Villamar .... la gente de Madrigal.

5. Villamar .... Madrigal.

6. Villamar .... Madrigal.

7. Madrigal .... Villamar.

8. Villamar .... Madrigal.

2.6. Lee estas informaciones y coloca los adjetivos en la columna adecuada.

muchas gentes

cosmopolita ■ pequeño ■ poblada ■ grande ■ caro ■ alta

1. Vaticano

Estado situado en la ciudad de Roma, Italia.
Tiene una población de aproximadamente 900 habitantes y una extensión de 0,439 km².

2. Nueva York

En la ciudad de Nueva York viven personas de diferentes razas, religiones.
En esta ciudad es fácil encontrar de todo a cualquier hora.

3. Noruega

Vivir en Noruega no es barato. Los precios de este país superan en un alto porcentaje a la media europea.

4. Rusia

Este país tiene una extensión de 17 075 200 km².
Se extiende entre Europa y Asia. Tiene costas en el océano Ártico, océano Pacífico del Norte y en mares interiores como el mar Báltico, mar Negro y mar Caspio.

5. Ávila

Situada en Castilla y León. Esta ciudad española se encuentra a 1130 metros sobre el nivel del mar.

6. Madrid

Es la capital de España.
Tiene aproximadamente unos 4 000 000 de habitantes, más personas que en otras ciudades españolas.

3 (pg 19)

2.6.1. Vuelve a mirar los adjetivos anteriores y forma frases de superlativo.

1. Vaticano .... del mundo.

2. Noruega .... de Europa.

3. Nueva York .... de Estados Unidos.

4. Rusia .... del mundo

5. Ávila .... de España.

6. Madrid .... de España.

2.7. Escribe un texto explicando las diferencias entre las ciudades españolas y las ciudades de tu país. Puedes hablar de la gente, los precios, las normas al vestir, monumentos, restaurantes, bares... etc. Utiliza para ello frases de comparación.

2.8. Completa estas frases con los pronombres *lo, la, los, las.*

1. Me gusta mucho la comida de Italia, ... tomo siempre que puedo.

2. ▶ ¿Usas mucho estos pantalones?

▷ No, solo .... uso para ir a trabajar.

3. ▶ Todos tus zapatos son preciosos, ¿dónde .... compras?

▷ Pues .... compro en una zapatería que hay en el centro, se llama Pisadas.

4. Me gustaría visitar Egipto, es que no .... conozco.

5. Nunca llevo faldas largas, ... prefiero cortas.

6. Me encantan las sandalias, en verano siempre .... llevo.

7. ¿Dónde está el abrigo? No .... encuentro.

8. ▶ ¿Conoces Lisboa? Es una ciudad preciosa.

▷ No, no .... conozco.

9. ▶ ¿Tienen esta camiseta en otros colores?

▷ Sí, ... tenemos en rojo, verde y azul.

10. No me gustan nada los trajes, ... llevo solo en situaciones muy formales.

2.9. Relaciona las dos columnas.

1. ¿Puedo ayudarle en algo?

2. ¿Se puede pagar con tarjeta?

3. ¿Qué tal le queda?

4. Perdone, ¿dónde están los probadores?

5. ¿Tiene una talla menos de este vestido?

6. Perdone, ¿estas sandalias las tienen en rojo?

7. ¿Cuánto cuesta este abrigo?

a. Me queda perfecto, me lo llevo. 3

b. Sí, quería ver unos zapatos de tacón. 1

c. No, lo siento, solo las hay en negro y en blanco. 6

d. Pues, 180€. 7

e. Sí, claro, allí en la caja. 2

f. Al fondo a la izquierda. 4

g. No, solo lo hay en la M. 5

2.10. Escucha los diálogos y completa el cuadro.

[18]

	¿De qué prenda hablan?	¿Se la llevan?	¿Por qué?
Diálogo 1			
Diálogo 2			
Diálogo 3			
Diálogo 4			

Etapa 3. Nivel A2.1

2.11. **Completa este diálogo siguiendo las instrucciones.**

Dependiente: Hola, buenas tardes, **(1)** ¿ .... ? *(Pregunta qué quiere)*

Cliente: Sí, **(2)** .... *(Pantalones)*

Dependiente: ¿Cómo los quiere?

Cliente: **(3)** .... *(Negros / talla M)*

Dependiente: Aquí tiene.

Cliente: **(4)** ¿.. ? *(Pregunta por los probadores)*

Dependiente: Aquí mismo, a la derecha.

(...)

Dependiente: **(5)** ¿.. ? *(Pregunta qué tal los pantalones)*

Cliente: **(6)** ...., ¿..? *(Bien / precio)*

Dependiente: 50€.

Cliente: **(7)** Bien, entonces, me los llevo ¿.. ? *(Pregunta para pagar con tarjeta)*

Dependiente: Sí, claro, en la caja.

Cliente: Adiós, gracias.

2.12. **Completa el texto con las palabras del cuadro.**

> ropa ■ prendas ■ calzado ■ moda ■ diseñadores
> clásicas ■ camisetas ■ marcas ■ sandalias ■ informal

España está de moda

La moda española triunfa en todo el mundo a través de sus **(1)** .... y marcas de prestigio internacional.

Una de las tiendas de **(2)** .... española más internacional es Zara, del grupo Inditex. Esta empresa tiene aproximadamente 4000 tiendas repartidas por todo el mundo.

Otras **(3)** .... como Mango o Camper están presentes en los mercados internacionales.

Es el caso de Camper, marca dedicada exclusivamente al **(4)** ....: zapatos, botas, **(5)** .... y zapatillas de uso casero. Actualmente dispone de unas 54 tiendas repartidas en ciudades de todo el mundo: Nueva York, Berlín, París, Madrid… En los modelos de Camper se combina la comodidad y un diseño **(6)** .... muy sofisticado.

La tienda de ropa Mango se ha extendido por todo el mundo en los últimos años. **(7)** .... elegantes, para gente joven urbanita, hacen que esta sea una de las tiendas españolas más conocida de España. La popular actriz Penélope Cruz se encarga actualmente de firmar algunos de sus diseños.

Por otro lado, diseñadores con líneas formales y **(8)** .... en sus modelos, como Adolfo Domínguez o Purificación García, venden ropa en ciudades de todo el mundo. Otros diseñadores visten incluso a protagonistas de series muy conocidas de TV o películas, como es el caso de Custo Barcelona, cuyas **(9)** .... aparecen en la internacional serie *Friends*.

En la actualidad, España se sitúa entre los principales productores de **(10)** .... internacional y todo gracias al gran trabajo realizado por los profesionales españoles de la moda.

Unidad 3

¿Tópicos? ¡Qué bien se come en España!

3.1. Varias personas están buscando dónde ir a comer. Lee sus preferencias y ayúdales a elegir el establecimiento adecuado: *restaurante*, *bar de tapas* o *bar*.

1. Queremos un sitio tranquilo donde probar una buena comida. No nos importa el precio, pero sí la calidad.

2. Somos un grupo de estudiantes con poco dinero y queremos probar los platos típicos de la ciudad.

3. Quiero invitar a comer algo a la familia con la que he vivido estas tres semanas. Quiero una cena variada y una buena conversación, como les gusta a los españoles.

4. No tengo mucho tiempo para comer porque la clase empieza dentro de media hora. ¿Dónde puedo ir a picar algo?

5. Buscamos un lugar donde comer platos caseros a buen precio.

6. ¿Dónde puedo llevar a mis amigos después del cine para tomar unas raciones?

1. .... **4.** ....

2. .... **5.** ....

3. .... **6.** ....

3.2. Antes de escuchar la siguiente grabación busca en el diccionario el significado de estas palabras.

1. Rehogar:

....

....

2. Entrante:

....

....

3.2.1. Escucha las descripciones de algunos alimentos y escribe su nombre.

[19]

1. .... **5.** ....

2. .... **6.** ....

3. .... **7.** ....

4. .... **8.** ....

3.2.2. Escribe ahora tú cuatro definiciones más de otros alimentos que recuerdas.

1. ....
....
....

2. ....
....
....

3. ....
....
....

4. ....
....
....

Etapa 3. Nivel A2.1

3.3. Fíjate en la letra resaltada de las siguientes palabras y clasifícalas en la columna correspondiente de la tabla según su sonido. Algunas palabras pueden estar en varias columnas.

lubina	guisantes	escalope	paella	bacalao	croqueta
judías	cebolla	rebozado	cerveza	galleta	pollo
agua	verdura	cocido	gazpacho	dulce	zanahoria
merluza	queso	vinagre	mayonesa	jamón	cordero

1. /b/	2. /k/	3. /θ/	4. /x/	5. /g/	6. /ʝ/

3.3.1. Comprueba tu respuesta con la audición.

[20]

3.4. Escribe el nombre de estos alimentos debajo de los dibujos y clasifícalos en la columna correspondiente de la tabla.

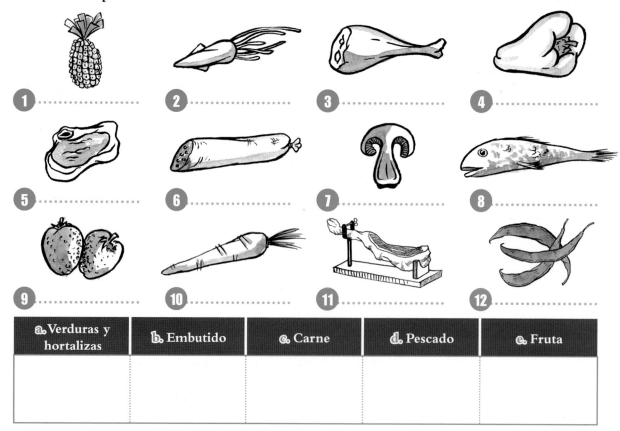

1 .... 2 .... 3 .... 4 ....

5 .... 6 .... 7 .... 8 ....

9 .... 10 .... 11 .... 12 ....

a. Verduras y hortalizas	b. Embutido	c. Carne	d. Pescado	e. Fruta

3.5. Une la forma de cocinar con su descripción.

1. A la romana.	**a.** Se cocina con mucho aceite.
2. Empanado.	**b.** Se hace con muy poco aceite.
3. Revuelto.	**c.** Se fríe con harina y huevo.
4. Frito.	**d.** Se cocina con mucha agua.
5. Cocido.	**e.** Se mete en el horno.
6. A la plancha.	**f.** Se fríe con huevo y pan rallado.
7. Al horno/Asado.	**g.** Se cocina con huevo.

3.6. Escucha a estas personas que hablan sobre diferentes platos y completa la tabla.

[21]

	1. ¿Qué ha comido?	**2.** ¿Qué le ha parecido?
Juan		
Paula		
Andrés		

3.7. Completa el siguiente diálogo en un bar de tapas con las indicaciones que te damos.

Camarero: Buenas noches, ¿..? **(1)** *(El camarero pregunta a los clientes qué quieren)*

Cliente 1: ¿ ....? **(2)** *(Pregunta por los ingredientes del revuelto de la casa)*

Camarero: Espárragos trigueros, setas, gambas y, claro, huevo.

Cliente 1: ¡Qué bueno! Pues un revuelto, una de croquetas, unos boquerones fritos y ¿qué mas queréis?

Cliente 2: ¿ ....? **(3)** *(Pregunta al camarero la forma de cocinar el chorizo a la sidra)*

Camarero: Está frito y lleva una salsa de sidra que es zumo de manzana. Muy buenos los choricitos.

Cliente 2: Pues nos trae dos raciones más de chorizo y una de ensaladilla rusa.

Camarero: .... **(4)** *(El camarero se disculpa y explica que no tienen ensaladilla rusa, se ha terminado)*, pero tenemos una ensalada de pimientos rojos y atún buenísima.

Cliente 3: Sí, la ensalada y una botella de Rioja de la casa para empezar.

Camarero: Muy bien.

(Veinte minutos después)

Cliente 1: ¿...? **(5)** *(Pregunta por la valoración del chorizo a la sidra)*

Clientes 2 y 3: Está muy bueno.

Cliente 1: Voy a probarlo. ¿...? **(6)** *(Pide un chorizo porque el plato está lejos de él)* ¡Hum! ¡Qué bueno!, es un poco fuerte para mí, pero está buenísimo.

Cliente 2: Camarero, por favor, ... **(7)** *(Pide una botella más de vino y pan)*

Camarero: Sí, ahora mismo.

3.8. Escucha esta publicidad de un restaurante en la radio y después contesta a las preguntas.

[22]

1. ¿Qué tipo de croquetas tienen?

2. ¿Qué otros platos ofrece la publicidad?

3. ¿Se puede comer todos los días de menú?

4. ¿Qué día cierra el restaurante?

5. ¿Se puede ir a cenar de menú al restaurante La Mejor Mesa?

3.9. Se han mezclado todos los ingredientes de las comidas regionales. Escríbelos en la tabla debajo del plato correspondiente. (Un mismo ingrediente puede ir en diferentes platos).

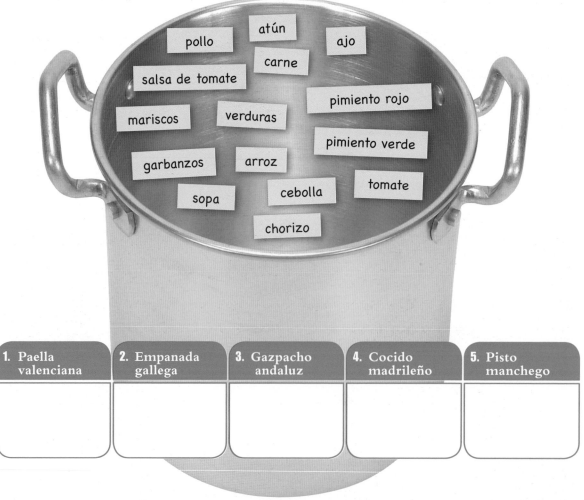

1. Paella valenciana	2. Empanada gallega	3. Gazpacho andaluz	4. Cocido madrileño	5. Pisto manchego

Vamos a leer un texto sobre los hábitos de comida de los españoles fuera de casa. Antes de leerlo intenta responder a estas preguntas.

1. ¿Qué platos prefieren los españoles en invierno? ¿Y en verano?

....

....

2. ¿Por qué muchos españoles no pueden comer en casa de lunes a viernes?

....

....

3. ¿Qué es mejor: comer mucho de una sola vez o más a menudo y en pequeñas cantidades?

....

....

4. ¿Hay que comer verdura todos los días para llevar una alimentación saludable?

....

....

5. ¿Qué es mejor, comer pescado o tomar carne?

....

....

3.10.1. **Ahora lee el texto y comprueba si tus respuestas son correctas.**

COMER FUERA DE CASA

¿Qué es lo que comemos fuera de casa? Con el frío: cocido, filete de ternera y flan. Con el calor: ensalada, pescado y helado.

Comer fuera hace pocos años era un lujo para la mayoría de los españoles, pero los nuevos hábitos de vida lo han convertido en una necesidad para muchos, especialmente a mediodía y entre semana. La jornada laboral, la lejanía del lugar de trabajo y la falta de tiempo obligan a muchos españoles a comer fuera de lunes a viernes.

Los dietistas aconsejan variar de alimentos y comerlos en cantidades pequeñas. Recomiendan incluir "algo verde" (verdura o ensalada) y legumbres como ingredientes de primeros platos, no consumir muchos dulces y tomar más pescado que carne.

3.11. Vamos a repasar lo que hemos aprendido en esta unidad. Te proponemos el juego del dominó. Completa las casillas que faltan con los nombres de las imágenes y respondiendo a las preguntas.

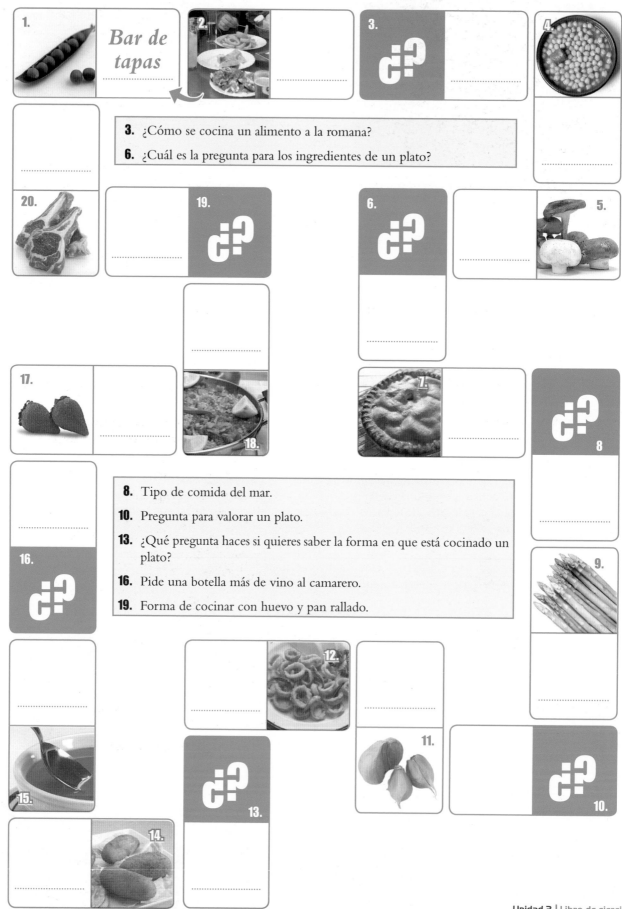

1.

Bar de tapas

2.

3. ¿?

4.

3. ¿Cómo se cocina un alimento a la romana?

6. ¿Cuál es la pregunta para los ingredientes de un plato?

20.

19. ¿?

6. ¿?

5.

17.

18.

7.

8. ¿?

8. Tipo de comida del mar.

10. Pregunta para valorar un plato.

13. ¿Qué pregunta haces si quieres saber la forma en que está cocinado un plato?

16. Pide una botella más de vino al camarero.

19. Forma de cocinar con huevo y pan rallado.

16. ¿?

9.

12.

11.

15.

13. ¿?

10. ¿?

14.

¿Tópicos? ¡Qué bonito es España!

4.1. Busca la palabra que no tiene relación con las otras, márcala y completa las frases.

1
- [ ] avión
- [ ] parador
- [ ] hotel
- [ ] casa rural

2
- [ ] barco
- [ ] coche
- [ ] tren
- [ ] ida y vuelta

3
- [ ] suplemento
- [ ] reserva anticipada
- [ ] *camping*
- [ ] habitación individual

4
- [ ] descuento
- [ ] viaje cultural
- [ ] viaje de ocio
- [ ] viaje de aventura

1. .... es un .... y las otras palabras son ....

2. .... es una expresión relacionada con el vocabulario de .... y las otras palabras son ....

3. .... es un .... y las otras palabras están relacionadas con ....

4. .... es una palabra relacionada con .... y las otras palabras son ....

4.2. Define las siguientes palabras.

Folleto: ....
....
....
....

Parador: ....
....
....

Pensión completa: ....
....
....
....

Viaje de salud: ....
....
....
....

Albergue: ....
....
....
....

4.3. Escribe la letra de cada frase en el apartado correspondiente del cuadro.

- **a.** ¿Cuántas personas son?
- **b.** ¿Alguna fecha en especial?
- **c.** ¿Cuánto es el total?
- **d.** Quería información de viajes a Berlín.
- **e.** ¿Y para cuándo?
- **f.** ¿Qué tal de precio?
- **g.** ¿Cómo va a pagar?
- **h.** ¿Una habitación?

Empleado	
1. Para preguntar por fechas.	
2. Para preguntar por el número de días, personas, etc.	
3. Para preguntar cómo quiere pagar el cliente.	

Cliente	
4. Para pedir información.	
5. Para preguntar por el precio.	

4.4. Escucha la pregunta y elige la respuesta correcta.

[23]

1. O a. Habitación doble.
   O b. No sé, más o menos a finales de mayo.

2. O a. ¿Cuánto es?
   O b. Con tarjeta.

3. O a. Una doble y otra individual.
   O b. En un hotel no muy caro.

4. O a. Muy bien, el avión sale temprano por la mañana.
   O b. Sale bastante bien porque incluye media pensión.

4.5. Completa el diálogo con las preguntas necesarias.

Agente: Hola, buenas tardes.

Cliente: Hola, quería información de viajes a Londres.

Agente: ¿..................... ....? (1)

Cliente: Para una de las dos últimas semanas de mayo.

Agente: ¿..................... ....? (2)

Cliente: Pues no sé, tres o cuatro noches.

Agente: ¿..................... ....? (3)

Cliente: Dos, una doble y otra individual.

Agente: Tenemos una oferta para el último fin de semana de mayo.

Cliente: ¡Ah! Nos va muy bien ¿.....................
....? (4)

Agente: Todo, con avión y hotel sale muy bien: 1500€.

Cliente: Bueno, no está mal, voy a reservar y se lo comento a mi mujer. ¿.....................
.....................? (5)

Agente: Un diez por ciento, 150€. ¿.....................
....? (6)

Cliente: En efectivo.

Agente: Firme aquí, muchas gracias. Ah, y tiene que pagar el resto antes de 15 días, si no, se anula la reserva.

Cliente: De acuerdo, muchas gracias.

4.6. Completa el siguiente texto con los verbos en pretérito perfecto.

Este mes (1) .... (yo/ir) a Berlín con mi hermano. Nos (2) .... (gustar) muchísimo. (3) .... (nosotros/ir) a visitar a unos amigos que viven allí y nos (4) .... (ellos/enseñar) todos los lugares de interés. (5) .... (nosotros/ver) la puerta de Brandeburgo, los restos del muro y varios museos. En el museo Egipcio está el busto de la reina Nefertiti que me (6) .... (encantar). (7) .... (nosotros/probar) la comida típica y (8) .... (nosotros/beber) mucha cerveza. Es una de las ciudades más bonitas que (9) .... (ver).

4.7. Escribe los participios de los siguientes verbos.

1. cantar ....
2. decir ....
3. ser ....
4. vivir ....
5. tener ....
6. volver ....
7. ir ....
8. hacer ....
9. escribir ....
10. poner ....

4.8. Escribe tres cosas que ha hecho este mes algún miembro de tu familia.

• ....
....
• ....
....
• ....
....

4.9. Escribe tres cosas importantes que habéis hecho tus amigos y tú este año.

- ....
  ....
- ....
  ....
- ....
  ....

4.10. Escribe tres cosas que has hecho hoy.

- ....
  ....
- ....
  ....
- ....
  ....

4.11. Escucha el diálogo y completa la información que falta.

[24]

Horas	¿Qué ha hecho?
1. 8.30	a.
2.	b. Ha llegado tarde al trabajo.
3.	c.
4. 14.00	d.
5.	e. Ha vuelto a la oficina.
6.	f.
7.	g. Ha salido de la academia.
8. 23.00	h.

4.12. Completa el texto con los verbos del recuadro en pretérito perfecto.

volver ■ ganar ■ viajar ■ tener ■ morir
cambiar ■ empezar ■ casarse ■ escribir ■ ser

Me llamo Rosa y este año **(1)** .... especial para mí:

- Mi hermana **(2)** .... con su novio de toda la vida.
- Mis amigos y yo **(3)** .... a la India.
- Yo **(4)** .... un hijo.
- Mi perro Lolo **(5)** ...., una pena.
- Mi sobrino **(6)** .... un cuento y **(7)** .... un premio.
- Mis padres **(8)** .... al pueblo y están muy contentos.
- **(9)** Yo .... un nuevo trabajo.
- Mi marido y yo **(10)** .... de casa.

4.13. Mira las imágenes y escribe qué ha hecho Paloma esta mañana, esta tarde y esta noche.

ir al gimnasio ■ ducharse ■ levantarse ■ volver a casa ■ acostarse
ir de compras ■ coger el metro ■ cenar ■ pasear por el parque

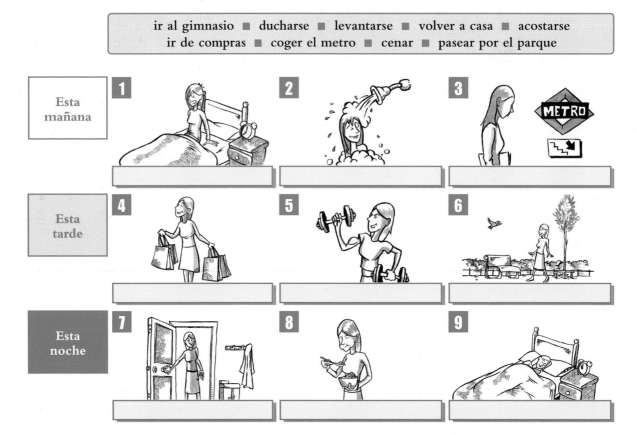

4.13.1. Mira las imágenes y escribe qué ha hecho Pablo esta mañana, esta tarde y esta noche.

cenar ■ acostarse ■ coger el autobús ■ ver la televisión ■ desayunar
hablar por teléfono ■ levantarse ■ leer el periódico ■ conectarse a Internet

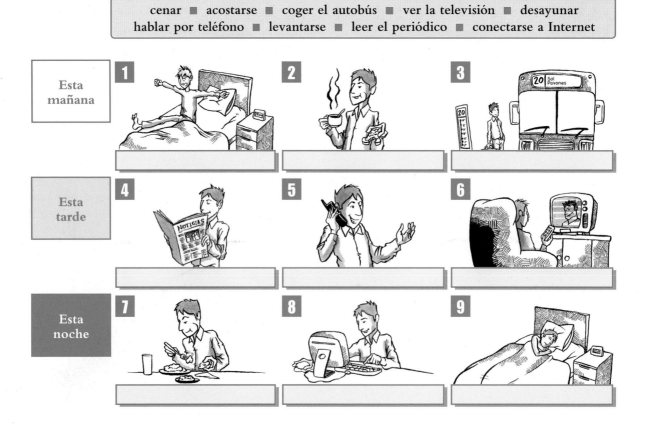

Escribe qué han hecho igual Paloma y Pablo.

....

....

....

....

4.14. Responde las preguntas del test para saber si este mes has sido un buen estudiante de español.

1. ¿Has hecho los deberes?
- ○ **a.** Sí, siempre que el profesor lo ha dicho.
- ○ **b.** No todas las veces.
- ○ **c.** Nunca.

2. En las clases, ¿has intentado hablar todo el tiempo en español?
- ○ **a.** Sí, siempre, aunque a veces uso alguna palabra no española.
- ○ **b.** Pocas veces.
- ○ **c.** No, porque es mucho más fácil hablar en inglés con los otros estudiantes.

3. ¿Has participado en las clases?
- ○ **a.** Sí, me encanta.
- ○ **b.** Solo cuando el profesor me ha obligado.
- ○ **c.** No mucho.

4. ¿Has ido a las actividades extraescolares: museos, cine…
- ○ **a.** Sí, a todas las que he podido.
- ○ **b.** No, porque no he tenido mucho tiempo.
- ○ **c.** Solo me interesa aprender el idioma no la cultura.

5. ¿Has leído algún libro o has visto alguna película en español?
- ○ **a.** He leído periódicos.
- ○ **b.** No, porque es difícil para mí.
- ○ **c.** No lo he intentado.

Puntuación:
- Si la mayoría de tus respuestas es **a**: *¡enhorabuena!, has sido un magnífico estudiante de español.*
- Si la mayoría de tus respuestas es **b**: *tienes que esforzarte un poquito más.*
- Si la mayoría de tus respuestas es **c**: *parece que este no ha sido tu mes.*

4.15. Escucha el diálogo y completa la tabla.

[25]

	abuelo	nieto
1. Alojamiento.		
2. Medio de transporte.		
3. Tipo de pensión.		
4. Actividades.		

4.16. Completa el texto con las palabras de las definiciones que te damos.

1. Lugar en el que vives, temporalmente, en vacaciones.

2. Adjetivo contrario a *caro*.

3. Tipo de cama que está una encima de la otra.

4. Lugar del baño donde te duchas.

5. Entre el desayuno y la cena.

6. El contrario de la *ciudad*.

7. Pagar por un lugar o un objeto un determinado tiempo.

8. Habitación de la casa donde está el sofá, una mesa, la televisión, etc.

9. Lugar no natural en el que se puede nadar.

10. Cada una de las alturas de un edificio.

11. Régimen de alojamiento en el que se incluye dormir y comer.

Un **albergue** es un **(1)** .... normalmente para gente joven. Una de sus principales ventajas es que es más **(2)** .... que otras opciones y además se puede conocer a gente de todo el mundo. Las habitaciones son de diferentes tamaños pero normalmente hay desde cuatro a veinte camas. Es común dormir en **(3)** .... Lo más frecuente es compartir las **(4)** .... y el baño. Muchos albergues tienen cocinas donde los viajeros pueden preparar su (5) .... La mayoría tiene bares o cafés.

Las **casas rurales** están situadas normalmente en el (6) .... y ofrecen diferentes actividades al aire libre como montar a caballo, caminar por la montaña…

Si se busca intimidad, la mejor opción es (7) .... la casa completa para familias o grupos de amigos. Tienen habitaciones, comedor, (8) ...., cocina y en algunos casos terraza y (9) ....

Una **pensión** suele ocupar una (10) .... de un edificio que está dividida en habitaciones. El baño puede estar en el dormitorio o puede haber baños compartidos. Es muy normal tener régimen de (11) ....

4.17. Ahora vamos a hacer un repaso de todo lo que hemos aprendido en esta unidad.

4.17.1. Escribe cómo se dice en español.

a. ....

b. ....

c. ....

d. ....

e. ....

f. ....

4.17.2. Marca la frase que no dice el empleado de una agencia.

a. ¿Cómo va a pagar? .... ○
b. ¿Habitación doble? .... ○
c. ¿Qué tal de precio? .... ○

4.17.3. Marca la frase que no dice un cliente en una agencia.

a. Tiene que pagar un 20%. .... ○
b. Prefiero el mes de mayo. .... ○
c. ¿No hay nada más barato? .... ○

4.17.4. Completa la forma del pretérito perfecto.

Haber	
Yo	....
Tú	....
Él/ella/usted	....
Nosotros/as	....
Vosotros/as	....
Ellos/ellas/ustedes	....

-AR ▶ .... | -ER/-IR ▶ ....

• ¿Cuándo se usa?

....
....
....

4.17.5. Completa la forma del pretérito perfecto.

a. poner ....
b. decir ....
c. abrir ....
d. hacer ....
e. ver ....
f. volver ....

Unidad 5

¿Tópicos? Típicos tópicos

5.1. ¿Qué conoces de España? Completa los textos con el pretérito perfecto de indicativo.

1. Yo .... (estar) con mi novia en Lanzarote. Allí .... (visitar, nosotros) los Jameos del Agua, el Parque Nacional de Timanfaya y la Fundación César Manrique. Es precioso, no os lo podéis perder.

2. Todavía no .... (visitar, yo) Gerona, por eso quiero ir con unos amigos este verano. ¿Qué me recomendáis? ¿Quién .... (ir) allí recientemente?

3. ¿Alguien .... (ver) la casa museo de Picasso en Málaga? ¿.. (bañarse, vosotros) en sus playas? ¿Qué me recomendáis hacer allí?

4. .... (montar, yo) un caballo jerezano en dos ocasiones y .... (tomar, yo) mucho vino de jerez, pero todavía no .... (visitar, yo) la ciudad de Jerez de la Frontera. ¿Vale la pena?

5. Un amigo mío .... (vivir, él) en Gerona y .... (recorrer, él) toda la región. Para quien le interese su correo electrónico es locoporgerona@gerona.com

6. Mis tíos .... (abrir, ellos) un hotel rural en la Rioja, ofrecen degustación de vinos de la tierra y visitas guiadas a bodegas. Si todavía no .... (viajar, vosotros) por esta región, os lo recomiendo.

Universidad de Alcalá de Henares

¿Qué ofrece Alcalá de Henares? En esta pequeña ciudad podemos visitar la casa donde nació Miguel de Cervantes, el autor de *El Quijote*. Lugares de interés son el Corral de Comedias (antiguo teatro), el más antiguo de Europa y la universidad. Zonas con encanto para pasear son la calle Mayor, con sus casas de dos plantas y la plaza de Cervantes.

Ciudad vieja de Cáceres

En todas las guías turísticas Cáceres aparece como ciudad monumental. Tiene un recinto amurallado de gran interés histórico y artístico. Dentro podemos encontrar palacios renacentistas, arcos romanos, el aljibe árabe (lugar para guardar el agua) mejor conservado de España y el barrio judío o Judería vieja, entre otros lugares de interés. En la cocina cacereña destacan los platos a base de cerdo ibérico y el jamón llamado "de pata negra".

5.2. Lee el siguiente texto y haz los ejercicios que te proponemos.

La denominación de Ciudad Patrimonio de la Humanidad se creó para defender el patrimonio histórico y cultural de algunas ciudades, especialmente importantes por su historia y los monumentos que conservan. Para ello se realizan proyectos y propuestas comunes, así como intercambio de experiencias. En España, algunas de estas ciudades son: Alcalá de Henares, Cáceres, Tarragona y Toledo.

Etapa 3. Nivel A2.1

Toledo

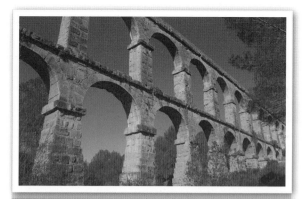

Acueducto Puente del Diablo

Toledo es la ciudad en donde vivió el Greco. Destaca por la mezcla de culturas que aparece reflejada en su arquitectura. Visitas obligadas son: la catedral, la iglesia de San Juan de los Reyes, el alcázar árabe y la sinagoga (templo judío) de Santa María la Blanca, una de las joyas de Toledo.

Tarragona, ciudad fundada por los romanos (Tarraco), está situada en la costa Dorada. Conserva restos de arquitectura romana como el acueducto Puente del Diablo y el Foro. Además de sus murallas destacan la catedral y la Torre de los Escipiones, y para el turista que busca sol: sus playas.

5.2.1. **Escribe en el mapa de España el nombre de las ciudades que aparecen en el texto: Alcalá de Henares, Cáceres, Toledo y Tarragona. Para ayudarte te damos la siguiente información:**

> **a.** Alcalá está muy cerca de Madrid.
> **b.** Toledo también está en el centro de España, pero al sur de Madrid, a una hora de viaje.
> **c.** Cáceres está más o menos en el suroeste, cerca de Portugal.
> **d.** Tarragona está en la comunidad autónoma de Cataluña.

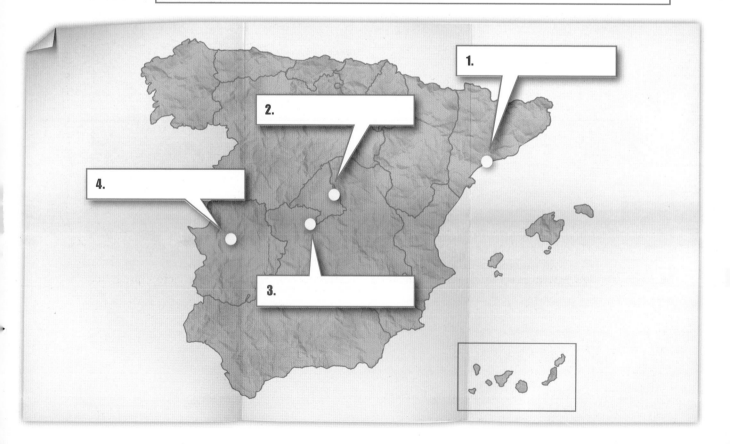

Responde a estas preguntas sobre el texto:

1. ¿Dónde se puede comer jamón ibérico?

....

2. ¿En qué ciudad podemos ver la casa de Cervantes?

....

3. ¿Cuál es la ciudad del Greco?

....

4. ¿Qué dos ciudades tienen murallas?

....

5. ¿Qué ciudad está en la costa Dorada y es de origen romano?

....

6. ¿Qué dos ciudades tienen arquitectura judía?

....

7. ¿Dónde podemos ver palacios del Renacimiento?

....

8. ¿Dónde está el teatro más antiguo de Europa?

....

9. ¿Por qué se creó el término Ciudad Patrimonio de la Humanidad?

....

10. ¿Qué ciudad tiene una universidad famosa?

....

5.2.3. **Escribe un texto y di qué ciudades de las que estamos hablando has visitado y qué lugares todavía no conoces, pero te gustaría conocer algún día. Di también qué monumentos conoces de otras ciudades que ya has visitado.**

5.3. **Escucha este programa de radio y después completa el texto con la información que falta.**

[26]

1. José ha estado en .... tres veces y allí ha visto .... y .... Además .... una vez a Cáceres.

2. A Francisca Fernández el aljibe árabe de Cáceres le parece ....

3. Aitor .... en la universidad de Alcalá de Henares y nunca .... en el Corral de Comedias, pero ha paseado por ....

4. María José conoce Tarragona porque ....

5.4. Haz el siguiente test y descubre si eres un turista cultural o un turista típico.

1. La temporada que prefieres para tus viajes es:
- ○ **a.** la temporada baja, cuando hay menos turistas.
- ○ **b.** verano, Navidad y Semana Santa.
- ○ **c.** cualquier época es buena para viajar.

2. En cuanto a los museos:
- ○ **a.** conoces los de las ciudades que has visitado.
- ○ **b.** no conoces todos los de tu ciudad.
- ○ **c.** prefieres los parques.

3. Cuando viajas a una ciudad quieres:
- ○ **a.** probar lo que la gente de la ciudad te propone.
- ○ **b.** degustar sus platos típicos y paladear sus mejores vinos.
- ○ **c.** comer las pizzas de allí.

4. Piensas que conocer una ciudad es:
- ○ **a.** visitar los lugares que recomiendan las guías turísticas.
- ○ **b.** hablar con la gente y conocer su historia a través de sus monumentos.
- ○ **c.** algo muy difícil, para eso hay que vivir en ella.

5. Tus destinos preferidos son:
- ○ **a.** ciudades y pueblos de interés artístico o histórico.
- ○ **b.** playas de arena blanca y sol durante todo el año.
- ○ **c.** los complejos residenciales de Tenerife.

6. En tus viajes por España:
- ○ **a.** has hecho *windsurf* y has probado el pescaíto frito.
- ○ **b.** todavía no has visto una corrida de toros, pero sí has escuchado flamenco en directo.
- ○ **c.** Has comido una paella y has bebido mucha sangría.

7. Cuando viajas:
- ○ **a.** Te gusta conocer a la gente del lugar.
- ○ **b.** No te relacionas con la gente si no hablas su idioma.
- ○ **c.** Solo vas a ver monumentos. Las costumbres no te interesan.

5.4.1. Completa el texto con el pretérito perfecto y descubre qué tipo de turista eres.

1. Mayoría de respuestas a

.... *(viajar, tú)* mucho y .... *(ver, tú)* muchas cosas. No eres un turista típico, te gusta aprender cosas nuevas cuando vas de vacaciones. Seguramente .... *(recorrer, tú)* la mayoría de las ciudades de tu país. Eres el clásico turista cultural.

2. Mayoría de respuestas b

.... *(bañarse, tú)* en muchas playas diferentes y .... *(saborear, tú)* las especialidades gastronómicas que las guías recomiendan. .... *(hacer, tú)* fotos a los monumentos más importantes. Posiblemente tienes una foto de la Alhambra en tu casa. Eres un turista típico.

3. Mayoría de respuestas c

En tus viajes solo alguna vez .... *(ver, tú)* los monumentos más importantes de una ciudad. No te gusta probar cosas nuevas, prefieres la comida de tu madre. Muchas veces .... *(ir, tú)* a un partido de fútbol en tus vacaciones. No eres un turista ni cultural ni típico.

5.5. Escucha a estas personas que hablan sobre personajes literarios y marca en la tabla de quién habla cada uno.

[27]

	don Quijote	Juan Tenorio	Celestina	Lazarillo
1.				
2.				
3.				
4.				

5.6. Elige la opción correcta en cada una de estas situaciones.

1. A tu mejor amigo le gusta mucho la fotografía, sabes que hay una exposición de un fotógrafo muy famoso en la ciudad. Le preguntas…

a. ¿Has visto la exposición de fotografía?   **b.** ¿Ya has visto la exposición de fotografía?

2. Estás de vacaciones en España, un español te pregunta: "¿Ya has ido a una corrida de toros?". Tú no has ido, pero quieres ir. Respondes…

a. No, todavía no.   **b.** No, no quiero.

3. Te encuentras con un amigo después de muchos años, sabes que él siempre ha querido tener hijos. Le preguntas…

a. ¿Ya has tenido hijos?   **b.** ¿Has tenido hijos?

4. Llegas a casa a las once de la noche, no has cenado y no vas a hacerlo porque no tienes hambre; tu pareja te pregunta: "¿Ya has cenado?". Respondes…

a. No, todavía no.   **b.** No, no tengo hambre.

5. Te gusta mucho probar diferentes comidas, estás en España de vacaciones y un amigo te pregunta: "¿Ya has probado la tortilla de patata?". No la has probado pero quieres hacerlo. Respondes…

a. No, todavía no.   **b.** No, no me gusta.

5.7. Lee el siguiente texto sobre la ciudad de Barcelona y marca si estas frases son verdaderas o falsas.

	V	F
1. El Tibidabo es el parque más moderno de España.	O	O
2. Pasear por las Ramblas es una de las principales actividades que se debe hacer en Barcelona.	O	O
3. Gaudí es el diseñador del parque Güell, pero no su arquitecto.	O	O
4. Barcelona tiene muchas playas, pero muy pequeñas.	O	O
5. La Sagrada Familia todavía no está terminada de construir.	O	O
6. En el mercado de la Boquería no puedes encontrar comida tradicional.	O	O

Barcelona es una de las ciudades más modernas y elegantes de Europa, está situada en el noreste de España, en la costa mediterránea. Si todavía no has visitado esta ciudad, estos son algunos de los lugares que no puedes dejar de ver.

Parque del Tibidabo

El Tibidabo, con 512 metros de altitud, es la cima más alta de la sierra de Collserola. En el Tibidabo puedes disfrutar del parque de atracciones más antiguo de España y de unas vistas privilegiadas de la ciudad de Barcelona, desde el Mirador.

Las Ramblas

Visitar Barcelona y no pasear por Las Ramblas es imperdonable. Las Ramblas son uno de los paseos más bonitos que se pueden dar por la ciudad. En ellas puedes encontrar terrazas para tomar un café, música en la calle, todo tipo de gente, de razas y edades, puestos de flores, de animales, de frutas.

El parque Güell

Este parque construido y diseñado por Antonio Gaudí entre 1900 y 1914 es uno de los lugares más emblemáticos de la ciudad de Barcelona. En él se puede pasear admirando su arquitectura y disfrutar de las vistas de la ciudad.

Las playas

Barcelona tiene varias playas: la playa Icária, playa de la Barceloneta, playa Mar Bella, playa El Bogatell y la playa Sant Sebastiá, todas ellas de aguas limpias, arenas blancas y muy bien mantenidas. Son playas grandes donde en verano hay una gran cantidad de gente, tanto barceloneses como turistas.

La Sagrada Familia

Es el monumento más conocido y característico de Barcelona, millones de turistas y visitantes acuden cada día a contemplar esta magnífica obra.
Se trata de un gran templo católico, diseñado por el arquitecto catalán Antoni Gaudí. Iniciado en 1882, todavía hoy no está terminado. Es la obra maestra de Gaudí, y el máximo exponente de la arquitectura modernista catalana.

El mercado de la Boquería

El mercado de la Boquería está situado en las céntricas Ramblas de Barcelona; es un claro referente cultural de la gastronomía mundial.
Todos los alimentos los puedes encontrar allí, desde los productos habituales hasta artículos gurmé menos comunes, sin olvidarnos de la gastronomía típicamente catalana.

5.8. **Escucha y completa este cuadro con las actividades que han hecho ya estas dos personas en Barcelona y las que no han hecho todavía.**

[28]

	ya	todavía no
Paulo		
Alma		